Renate Zimmer

Kinder unter 3 – von Anfang an
selbstbewusst und kompetent

HERDER spektrum

Band 6124

Das Buch

Kinder kommen auf die Welt mit einer angeborenen Lust, sich zu bewegen. Sie strampeln mit Armen und Beinen, um ihre Freude an der Körperlichkeit auszudrücken, glucksen vor Spaß über die lustvolle Wahrnehmung ihres eigenen Körpers.

Sich bewegen ist Lebenslust, Ausdruck der Freude am Dasein, aber sich bewegen heißt auch, Erfahrungen sammeln – über sich selbst, über die Dinge, mit denen man sich bewegt und die man in Bewegung versetzen kann. Bewegung ist die Grundlage des Lernens: Das Kind lernt seinen Körper kennen und macht sich ein Bild über seine Umwelt.

Auf dieser Lust an Bewegung, am Erfahren der eigenen körperlich-sinnlichen Fähigkeiten baut das Selbstvertrauen auf. In den ersten Jahren wird der Grundstein dafür gelegt, wie das Kind künftig der Welt begegnen wird: Neugierig, offen und selbstbewusst erkundet es die Umwelt – die beste Voraussetzung für einen guten Start.

Wie Eltern ihre Kinder auf diesem Weg intensiv begleiten und behutsam fördern können, zeigt dieses Buch.

Die Autorin

Dr. Renate Zimmer, Professorin an der Universität Osnabrück, Leiterin des Niedersächsischen Instituts für frühkindliche Bildung und Entwicklung. Zahlreiche Veröffentlichungen auf dem Gebiet der Bewegungserziehung und der Psychomotorik. Bei Herder Spektrum: Schafft die Stühle ab!; Toben macht schlau!

Renate Zimmer

Kinder unter 3 – von Anfang an selbstbewusst und kompetent

Ein Leitfaden für Eltern
mit vielen Bewegungsspielen

HERDER

FREIBURG · BASEL · WIEN

Für Jan – mein Patenkind

Titel der Originalausgabe: Kinder brauchen Selbstvertrauen
© Verlag Herder GmbH, Freiburg im Breisgau 2006
ISBN 978-3-451-05673-4

Vollständig überarbeitete Neuausgabe

© Verlag Herder GmbH, Freiburg im Breisgau 2009
Alle Rechte vorbehalten
www.herder.de

Umschlagkonzeption und -gestaltung:
R·M·E Eschlbeck / Hanel / Gober
Umschlagmotiv: © Renate Zimmer

Herstellung: fgb · freiburger graphische betriebe
www.fgb.de

Gedruckt auf umweltfreundlichem,
chlorfrei gebleichtem Papier
Printed in Germany

ISBN 978-3-451-06124-0

Inhalt

Einleitung:
Das Wunder der ersten Lebensjahre

In keiner Lebensaltersstufe lernt ein Mensch mehr dazu als in seinem ersten Lebensjahr. Hilflos kommt das Baby auf die Welt, aber seine Sinne sind von Anfang an „auf Empfang": Bereits im Mutterleib hat es die Geräusche in seiner Umgebung und die Stimme der Mutter wahrgenommen, jetzt erkennt es sie wieder und wendet sich zunächst mit Vorliebe vertrauten Klängen und Stimmen zu. Sein Gleichgewichtssystem wurde im Mutterleib bestens trainiert: Jede Bewegung der Mutter machte es mit, beim Gehen, Bücken, Drehen und Wenden hat es bereits das Gefühl für die eigene Lage entwickelt. Auch Berührungsreize nimmt das Neugeborene wahr. Das Sehen ist noch unscharf, das Baby reagiert aber schon auf das mütterliche Gesicht. In den Wochen nach der Geburt wird sein Sehvermögen immer differenzierter. Der Geruchssinn ist bereits mit der Geburt so weit entwickelt, dass das Neugeborene den Geruch der Mutter von dem anderer Menschen unterscheiden kann.

Die zunehmend differenzierter werdende Wahrnehmungs-fähigkeit hängt nicht allein von der Reifung der Sinnesorgane ab, vielmehr verfeinern die Sinne sich auch durch ihren Ge-brauch. Jeder Sinneseindruck löst Veränderungen im Gehirn aus, er bewirkt, dass das Netzwerk der Nervenzellen immer dif-ferenzierter wird.

Mit Ende des ersten Lebensjahres ist aus dem hilflosen Säug-ling ein kompetentes, aktives Kleinkind geworden, das seine Sinne einsetzt, sich fortbewegen kann, das die Umwelt erforscht und sich ein Bild von ihr macht.

Diese atemberaubende Entwicklung im ersten Lebensjahr

ist möglich, weil jeder Mensch mit einem guten Startpotenzial auf die Welt kommt: Neugierig, wach und aufmerksam nimmt jedes Baby vom ersten Tag seines Lebens an allem teil, was um es herum passiert. Es beobachtet interessiert seine Umwelt, kommuniziert mit anderen und erforscht seine Umgebung. Ein wichtiges Mittel ist dabei der eigene Körper.

Sobald seine Handlungen eine Wirkung haben, wiederholt das Baby sie, versucht herauszufinden, woran die Wirkung liegt, warum der Ball über den Boden rollt, dann aber irgendwann liegen bleibt und es ihn wieder anschubsen muss. Ein so interessantes Ereignis will es immer wieder hervorrufen, und dazu braucht es seinen Körper, seine eigene Bewegung, denn ansonsten bewegt sich auch der Ball nicht.

Der Körper ist also Instrument, um die Umwelt und ihre Gesetzmäßigkeiten zu erkunden. Aber nicht nur der Forscherdrang wird über die Bewegung geweckt: Über den Körper und die Bewegung bekommt das Kind auch Rückmeldung, was es geschafft hat, wie erfolgreich seine Anstrengungen waren, was es beim Üben und Probieren dazugelernt hat.

In den ersten Lebensjahren wird deswegen auch der Grundstein dafür gelegt, welche Einstellung ein Kind gegenüber sich selbst und seiner Umwelt hat: Ob es Vertrauen in die eigenen Fähigkeiten hat, ob es sich neugierig auch unbekannten Situationen zuwendet, bei Schwierigkeiten nicht gleich aufgibt und sich nicht so einfach entmutigen lässt. Es sind die Dinge, die das Kind zur Bewegung herausfordern, aber es sind auch die Erwachsenen, die das Kind bei seinen Versuchen, die Welt und sich selbst kennen zu lernen, begleiten. Sie können unterstützen, aber auch behindern, können ermuntern, aber auch entmutigen.

In diesem Buch werden Schlüsselsituationen beschrieben, die für die kindliche Entwicklung von grundlegender Bedeutung sind. Situationen, in denen die Kinder Eigenaktivität,

Selbsttätigkeit und selbstständiges Handeln einüben, in denen sie die Erfahrung machen können: „Ich kann etwas bewirken", um so die Voraussetzungen für Selbstvertrauen und Ich-Stärke zu erwerben.

Die ersten Erfahrungen vom Selbstständigwerden macht ein Kind über seinen Körper. Körperliche Fähigkeiten und Leistungen, etwas können und etwas dürfen – all dies sind Mittel und Symbole des Größerwerdens. An diesen körperlichen Fähigkeiten kann das Kind seine Fortschritte ablesen: Beim Krabbeln den Raum erkunden und überall hinkommen, wo es etwas Interessantes zu entdecken gibt, sich aufrichten und eine andere Dimension des Raumes erleben, die ersten Schritte – all das sind Zeichen wachsender Selbstständigkeit. Selbstständigwerden kommt von „Selber-stehen-Können" – über seinen Körper und seine Bewegung gewinnt das Kind zunehmend Unabhängigkeit vom Erwachsenen.

Deswegen stehen in diesem Buch die Körper- und Sinneserfahrungen im Vordergrund. Das Spiel des Kindes am Anfang seines Lebens ist ein Spiel mit seinem Körper, mit allen seinen Sinnen. Hier kann Entwicklungsförderung ansetzen: Es gilt, die Fähigkeiten des Kindes bereits auf dieser elementaren Ebene zu stärken, seine Kompetenzen zu unterstützen und vor allem seinen Willen zu wecken, in schwierigen Situationen den Mut nicht zu verlieren. Hierzu will das Buch Denkanstöße, aber auch praktische Tipps für den Alltag mit Kindern geben.

Die Orte des Spielens und Sich-Bewegens sind vielfältig: Die Wohnung, die Straße, der Wald, die Wiese, ja sogar der Supermarkt. Bewusst wird auf aufwändiges Material und auf komplizierte Spielregeln verzichtet, damit eine Übertragung auf den Alltag ohne Probleme möglich ist.

Das Buch will aufmerksam machen auf die vielen kleinen Gelegenheiten, die der Alltag bietet, mit Kindern gemeinsam die Welt zu entdecken.

Es soll dabei helfen, Augen und Ohren offenzuhalten für die vielfältigen Versuche des Kindes, sich ein Bild von der Welt zu machen, sie zu verstehen, selbst einen Platz in dieser Welt zu finden.

1. Auf den Anfang kommt es an – was Kinder für eine gesunde Entwicklung brauchen

Damit sich ein Kind gut entwickeln, seine Neugierde entfalten, sich seiner Bewegungslust erfreuen kann, müssen bestimmte Grundbedürfnisse erfüllt sein. Wenn es Hunger hat, wird das schönste Spielzeug unbeachtet bleiben, und wenn nasse Windeln stören, ist seine Lust am Krabbeln nur sehr eingeschränkt vorhanden.

Körperliches und psychisches Wohlbefinden sind die Voraussetzung dafür, dass weitere Bedürfnisse wie z. B. das Spiel- und Aktivitätsbedürfnis sich entfalten können. Zu diesen grundlegenden Bedürfnissen gehören die Befriedigung von Hunger und Durst, Schutz vor Kälte und die körperliche Unversehrtheit. Danach folgen jedoch weitere elementare Bedürfnisse, die ein Kind bereits in seinem ersten Lebensjahr zeigt und die auch noch in späteren Jahren Basis für vielfältige Entwicklungsprozesse sind. Um seine Fähigkeiten entfalten und weiterentwickeln zu können, um Freude am Leben zu haben und sich mit anderen Menschen auseinandersetzen zu können, braucht ein Kind eine menschliche Umwelt, die ihm nicht nur Schutz, Geborgenheit und Fürsorge gibt, sondern auch eine Reihe weiterer grundlegender Bedürfnisse erfüllt.

Grundbedürfnisse von Kindern

Diese Grundbedürfnisse haben Kinder überall auf dieser Welt, sie sind auch im Jugendalter von Bedeutung und spielen selbst im Erwachsenenalter noch eine Rolle.

Zu den Grundbedürfnissen zählen z. B.:

- Liebe und Geborgenheit,
- Beziehung und Bindung,
- Anerkennung und Bestätigung,
- Spiel- und Erfahrungsräume,
- Übernahme von Verantwortung,
- Gelegenheiten zur Selbsttätigkeit und Eigenaktivität,
- Zeit, die frei verfügbar und selbst gestaltbar ist,
- sinnliche und sinnvolle Erfahrungen.

All diese Bedürfnisse sind nicht voneinander unabhängig, sondern stehen miteinander in Beziehung. Wenn z. B. die Beziehungen, die zwischenmenschlichen Kontakte für das Kind nicht befriedigend sind, wird es die ihm zur Verfügung stehenden Spiel- und Erfahrungsräume nicht in demselben Maß nutzen, als wenn es einen Menschen hat, dem es vertraut.

Anerkennung durch andere ist entscheidend für die Entwicklung der Fähigkeit, sich selbst anzunehmen. Welche Grundhaltung ein Kind gegenüber sich selbst und gegenüber anderen entwickelt, hängt in erster Linie von der Beziehung seiner Eltern oder seiner Bezugsperson zu ihm ab. Daher zählen die Bedürfnisse nach Liebe und Geborgenheit, nach Anerkennung und Bestätigung zu den wichtigsten Grundbedürfnissen.

Für die Entwicklung der Fähigkeiten des Kindes, für das geistige und körperliche Wachstum sowie seine soziale und emotionale Entwicklung spielen aber auch die anderen zuvor genannten Bedürfnisse eine wichtige Rolle. Sie werden im Folgenden zu vier größeren Bereichen zusammengefasst.

Bindung und Beziehung – das Bedürfnis nach verlässlichen Bezugspersonen

Das Bedürfnis nach Geborgenheit, Sicherheit und Angenommensein bleibt beim Menschen das ganze Leben lang bestehen. Von besonderer Bedeutung ist es jedoch in den ersten Lebensjahren, denn nur auf der Basis einer sicheren, vertrauensvollen Bindung wird das Kind sich an neue, unbekannte Situationen herantrauen. Säuglinge und Kleinkinder müssen zuerst emotionale Sicherheit zu ihren Eltern und Bezugspersonen aufbauen, bevor sie sich aktiv neu auf Erfahrungssuche begeben, bevor ihr Drang nach dem Erkunden ihrer gegenständlichen und räumlichen Umwelt einsetzt.

Zwar ist der Erwachsene in den ersten beiden Lebensjahren die wichtigste Bezugsperson und auch noch ein wichtiger Spielpartner des Kindes; bereits zu Beginn des zweiten Lebensjahres beginnt das Kind jedoch, auch Interesse an Gleichaltrigen zu zeigen. Da der Erwachsene sich noch ganz auf das Kind einstellt, seine Wünsche berücksichtigt und dem Kind beim Spielen den Vorzug lässt, ist er nur begrenzt wirklicher Spielpartner. Kinder brauchen andere Kinder, um die Regeln des sozialen Miteinanders zu lernen. Im alltäglichen Umgang und in der Auseinandersetzung mit anderen machen sie die ersten sozialen Erfahrungen: Hier lernen sie nachgeben und sich behaupten, streiten und sich versöhnen, sich durchsetzen und sich unterordnen, teilen und abgeben, aushandeln und bestimmen, sich gegenseitig respektieren und sich akzeptieren.

Die ersten Lebensjahre zählen zu den für die Entwicklung des Sozialverhaltens wichtigsten Entwicklungsabschnitten. Viele in dieser Zeit erworbene Verhaltensmuster überdauern und prägen auch noch spätere Lebensabschnitte, sie beeinflussen das Hineinwachsen des Kindes in sein soziales Umfeld wesentlich. Bewegungsangebote und Bewegungsspiele bieten in diesem Entwicklungsabschnitt besonders gute Gelegenheiten. Sie ermöglichen Kontakt- und Beziehungsaufnahme zwischen den Kindern, schaffen Gelegenheiten für Geben und Nehmen, für die Übernahme von Rollen und das wechselseitige Rücksichtnehmen auf die jeweiligen Bedürfnisse des anderen. Konkrete, im Spiel auftauchende Probleme sind dabei oft Anlass, erste Grundregeln des Sozialverhaltens zu erproben.

Beachtung und Bestätigung – das Bedürfnis nach Anerkennung

Jedes Kind hat das Bedürfnis, von anderen anerkannt, gelobt und beachtet zu werden. Ermutigung und Bestätigung seiner Leistungen spornen es an – wenn es keine Anerkennung erhält, lassen seine Bemühungen schnell nach. Eine den kindlichen Fähigkeiten entsprechende Erwartungshaltung des Erwachsenen fordert das Kind heraus. Dabei ist es wichtig, die Balance zwischen Über- und Unterforderung zu finden. Bei Überforderung wird das Kind versagen, häufen sich die Misserfolgserlebnisse, wird sein Selbstwertgefühl sinken, es wird aufgeben und resignieren.

Bei Unterforderung wird ein Kind gar nicht feststellen können, was es wirklich kann. Sein Anspruchsniveau bleibt niedrig. Überbehütung, übertriebene Fürsorglichkeit, mangelndes Zutrauen lassen seine Fähigkeiten nicht zum Ausdruck kommen.

Vermitteln Sie Ihrem Kind das Gefühl „Du schaffst das schon" und trauen Sie ihm auch zu, dass es schwierige Aufgaben meistern kann. Begleiten Sie seine Anstrengungen und geben Sie ihm Anerkennung und Bestätigung, auch wenn die Aufgabe nicht ganz bewältigt wurde. Fehler, Irrwege und Umwege sind Bestandteile jeden Lernens, auch mit Misserfolgen muss das Kind umgehen lernen. Zeigen Sie ihm, dass es gar nicht weit von der Erreichung des Ziels entfernt ist, und kommentieren Sie die Bemühungen des Kindes in einer optimistischen Sprache: „Ganz alleine hast du es geschafft, die Stufe hochzuklettern, das war ganz schön schwer". Eine positive und optimistische Einstellung des Erwachsenen überträgt sich sehr schnell auf das Kind. Das Bild des Kindes von sich selbst ist auch davon abhängig, was andere ihm zutrauen und wie sie es einschätzen (vgl. Zimmer 2009 b).

Selber tun – das Bedürfnis nach Eigenaktivität und Selbsttätigsein

Kinder sind neugierige, wissbegierige, aktive Wesen, ständig auf der Suche nach neuen Erfahrungen. Selbsttätigkeit und Eigenaktivität sind die Voraussetzungen dafür, dass sie die Welt kennen lernen und sich ein Bild von ihr machen können.

Das Streben nach Unabhängigkeit setzt Selbsttätigkeit voraus. Nur so kann das Kind seine individuellen Fähigkeiten ent-

wickeln. Es will nicht belehrt werden, sondern selber Erfahrungen machen.

Eigentätigkeit ist die intensivste Form der Aneignung von Erfahrungen. Sie spricht alle Sinne an. Durch sie erkennt das Kind, wie die Dinge zustande gekommen sind. Sie ist auch die Grundlage jeder Erkenntnis. Das Kind lernt z. B. durch das Tun und Handeln die Eigenschaften und Verwendungsmöglichkeiten der Dinge kennen. Dass ein Ball rollt, fliegt, vom Boden hochprellt und dass dies nicht mit jedem Ball gleich gut gelingt – diese Erkenntnisse gewinnt es nur im eigenen Tun.

Kinder brauchen den konkreten Umgang mit den Dingen, damit sie aus dem Tun innere Bilder aufbauen können. Sie wollen ihre Umgebung und die Dinge nicht einfach nur ansehen, sondern sie möglichst genau erforschen. Dass das Wasser aus dem Wasserhahn nicht festgehalten werden kann, dass es einfach weiterfließt und in der Erde versickert, dass es, in einem Eimer aufgefangen, sichtbar und fühlbar ist wie ein Eimer Sand, wird das Kind weder durch Belehrung noch durch Erklärung lernen; das muss es selber erfahren.

Kinder brauchen sinnlich wahrnehmbare Welterfahrungen, Gelegenheiten zum Selbertun und Ausprobieren – nur so kann die Wirklichkeit gespürt, können Ereignisse nachvollzogen, Zusammenhänge selbst entdeckt werden, denn nur so können Kinder die Welt verstehen und ihren Aufbau für sich selbst rekonstruieren. Sie schaffen sich damit die Welt jeweils für sich wieder neu.

„Alles was wir dem Kind beibringen, kann es nicht selber entdecken", hat der Entwicklungspsychologe Jean Piaget einmal formuliert. Das Bedürfnis des Kindes nach Eigenaktivität ist die beste Voraussetzung, um über die eigenen Erfahrungen zu Erkenntnissen zu kommen. Das Kind möchte Einfluss auf die Welt nehmen, sich selbst als Ursache für Veränderungen erleben, dabei alle Sinne einsetzen und sich selbst körperlich spüren.

Kräfte und Ressourcen des Kindes erkennen, seine Fähigkeiten wecken, seine Fantasie stärken und entfalten: das ist die Grundlage für den Aufbau von Selbstwertgefühl und Selbstvertrauen.

2. Etwas bewirken können – die Quelle der eigenen Kraft

„Schaffe ich den Sprung über den Graben – oder schaffe ich ihn nicht?", „Traue ich mich, die Rutsche hochzuklettern – oder bleibe ich lieber unten?" Ob sich ein Kind eher stark oder eher schwach fühlt, ob es Vertrauen in seine Fähigkeiten hat, ob es bei Schwierigkeiten schnell aufgibt oder sich durch sie geradezu herausgefordert fühlt – all das ist abhängig von dem Bild, das das Kind von sich selber hat. In diesem Selbstbild spiegeln sich die Erfahrungen wider, die es in der Auseinandersetzung mit seiner sozialen und gegenständlichen Umwelt gewonnen hat, ebenso aber auch die Erwartungen, die von anderen Menschen an das Kind herangetragen worden sind.

So entwickelt jeder Mensch im Laufe seines Lebens eine Vorstellung über seine Person, er gibt sich quasi eine Antwort auf die Frage „Wer bin ich?" In den ersten Lebensjahren gründen diese Annahmen vor allem auf Erfahrungen, die ein Kind über seinen Körper macht (vgl. Zimmer 2009 b).

Selbstständigkeit erleben

Über die Erfahrungen, die das Kind mit seinem Körper gewinnt, entwickelt es ein Bild von den eigenen Fähigkeiten. Es macht die Erfahrung von Können und Nicht-Können, von Erfolg und Misserfolg, von seiner Leistungsfähigkeit und seinen Grenzen.

Kinder erleben durch ihre körperlichen Aktivitäten, dass sie selbst imstande sind, etwas zu leisten, ein Werk zu vollbringen, dass sie mit ihren Handlungen etwas bewirken können. Bereits im Kleinkindalter äußert sich das Bemühen um Selbstständigkeit am deutlichsten in Bewegungshandlungen. Sich alleine anziehen, ohne fremde Hilfe laufen, auf eine Mauer klettern und wieder hinunterspringen – dies sind körperliche Errungenschaften, die dem Kind (und auch seinen Eltern und Bezugspersonen) schrittweise die zunehmende Unabhängigkeit beweisen.

Der Aufbau des „Selbst" ist beim Kind daher wesentlich geprägt von der Art und Weise, wie es sich über seinen Körper und seine Sinne die Umwelt aneignet und sich mit ihr auseinandersetzt.

Ich kann etwas bewirken

Eine weitere Erfahrungsquelle zur Einordnung der eigenen Person ist die Wahrnehmung der Wirksamkeit des eigenen Verhaltens und der eigenen Handlungen. Dies gilt sowohl für die Auseinandersetzung mit Dingen und die Lösung konkreter Probleme als auch für den Umgang mit anderen. Auch dieser Aspekt ist noch eng mit dem Körpererleben des Kindes verbunden: wie geschickt es mit einem Spielzeug hantiert, wie es vorgegebene oder selbst gestellte Aufgaben bewältigt – etwa das Ausschneiden einer Form aus Papier oder Auffädeln einer Perlenkette. Die dabei gewonnenen Erfahrungen geben ihm Rückmeldung über seine Fähigkeiten und sein Können.

Gerade bei Bewegungsaktivitäten erleben Kinder, dass sie Ursache bestimmter Effekte sind. Im Umgang mit Dingen, Spielsituationen und Bewegungsaufgaben rufen sie eine Wirkung hervor und führen diese auf sich selbst zurück (z. B. wenn sie einen hohen Turm aus Klötzen bauen und ihn wieder umwerfen). Das Handlungsergebnis verbinden sie mit der eigenen Anstrengung, dem eigenen Können – und so entsteht eine erste

Vorstellung von den eigenen Fähigkeiten. Kinder lernen im Experimentieren und Ausprobieren: Ich habe etwas geschafft, ich kann es, und dieses Gefühl stellt die Basis für das Selbstvertrauen bei Leistungsanforderungen dar.

Auswirkungen auf die Selbstwahrnehmung

Kinder – aber auch Erwachsene – werden in ihrem gesamten Verhalten stark davon beeinflusst, wie sie sich selbst einschätzen. Ihre Zufriedenheit, ihre Anstrengungsbereitschaft, die Art und Weise, mit Problemen umzugehen oder sich mit neuen Situationen auseinanderzusetzen, ist davon abhängig, wie sie sich selbst wahrnehmen und bewerten. So erleben Kinder mit einer eher negativen Grundeinstellung unbekannte Situationen und neue Anforderungen häufiger als bedrohlich, sie fühlen sich ihnen nicht gewachsen und geben leichter auf. Auf Kritik und Misserfolg reagieren sie unangemessen empfindlich und besitzen eine eher geringe Frustrationstoleranz. Kinder mit einer positiven Grundeinstellung gehen dagegen mit geringerer Ängstlichkeit und größerer Energie an neue Aufgaben heran und sind auch bei Misserfolgen nicht so leicht zu entmutigen. Besonders schwerwiegend ist, dass diese Grundeinstellung sich in der Regel nicht so einfach ändern lässt. Die meisten Menschen tendieren dazu, eine gewisse Grundeinstellung sich selbst gegenüber beizubehalten und spätere Erfahrungen so zu steuern, dass eine Übereinstimmung zwischen der Wahrnehmung der eigenen Person, dem eigenen Verhalten und den Erwartungen von Seiten anderer besteht. Sie ordnen die Äußerungen anderer so ein, dass die eigene Sicht bestätigt wird. Zudem sind Einstellungen, die bereits in der frühen Kindheit erworben wurden, am schwierigsten zu ändern.

Kindheitserfahrungen sind auch deswegen von besonderer Bedeutung, weil in frühen Lebensjahren die Gefahr besteht, dass Kinder negative Erfahrungen, die sie z. B. aufgrund ihrer körperlichen Fähigkeiten machen, leicht auch auf andere Gebiete übertragen. So befürchten sie schließlich nicht nur bei Bewegungsspielen, von den anderen nicht anerkannt zu werden, sondern ziehen sich auch bei anderen Aktivitäten zurück oder reagieren mit Aggressivität und störendem Verhalten, um so die Anerkennung der anderen zu erhalten.

Und schließlich beeinflusst die eigene Erwartungshaltung auch die der anderen: Wer sich selbst nichts zutraut, dem trauen auch andere nicht viel zu.

Das Selbstbewusstsein stärken

Schon im Kleinkindalter wird die Basis für eine starke Persönlichkeit gelegt. Eltern sollten ihr Kind ermuntern, selbstständig nach der Lösung von Problemen zu suchen. Wenn das Kind die Erfahrung macht, dass es selbstständig eine schwierige Aufgabe mit Anstrengung und Ausdauer gemeistert hat, dann wird auch sein Selbstbewusstsein gestärkt.

Bereits in den ersten Lebensjahren beginnt die Erziehung zur Selbstständigkeit. Eltern können Selbstständigkeit herausfordern: Es sind viele kleine Schritte, die das Kind befähigen, selbst Entscheidungen zu treffen, sich für kleine Erfolgserlebnisse selbst verantwortlich zu fühlen. So lernen Kinder, ihr Leben jeden Tag ein Stückchen mehr in die eigenen Hände zu nehmen.

Dazu gehören Gelegenheiten, um die eigenen Kräfte zu erproben, Entdeckungen zu machen, Aktivitäten entwickeln zu dürfen, die von den Eltern ernst genommen werden und Anerkennung finden, Verantwortung für sich selbst zu übernehmen (beim Klettern oder Balancieren) und Entscheidungen selbst zu treffen. Eltern sollten dem Kind wirklich nur dann helfen, wenn es danach verlangt. Sie sollten nicht zu schnell eingreifen, weil sie dem Kind damit die Chance nehmen, sich selber zu helfen (indem sie z. B. beim Balancieren ungefragt die Hand reichen). Auch wenn die Versuche des Kindes viel zu lange zu dauern scheinen, sollten Eltern Gelassenheit bewahren und Geduld zeigen. Kinder haben Zeit und brauchen sie auch.

Von Geburt an wird das Kind versuchen herauszufinden, wie es Wirksamkeit erzielen kann. Es möchte auf sich aufmerksam machen, und braucht Rückmeldung von seiner sozialen Umwelt. Gehen Sie auf diese Signale ein, lassen Sie das Baby beispielsweise nicht schreien, sondern nehmen Sie es auf, wenn es sich meldet. Es ist eine elementare Erfahrung für den Säugling, wenn er durch sein Schreien – wie sonst könnte er sich äußern – seine Mutter oder Bezugsperson herbeirufen kann. Er wird nicht verwöhnt, wie manche Erwachsenen befürchten. Ein Kind einfach schreien zu lassen, führt mit der Zeit vielleicht wirklich dazu, dass es mit dem Schreien aufhört – aber dies ist eine fatale Entwicklung. Wird sein Schreien von der Umwelt ignoriert, führt dies beim Kind zu der Erkenntnis: Egal was ich tue, ob ich schreie, weine oder lache, es passiert nichts. Daraus entsteht Hilflosigkeit und letztlich Resignation.

Eine Situation unter Kontrolle haben

Etwas geschafft zu haben bringt das Gefühl mit sich, Kontrolle über die eigene Situation zu haben, für die beobachtbaren Effekte selbst verantwortlich zu sein: Die Mauer ist bezwungen, auf der Schaukel kann ich bis in den Himmel schwingen … Diese Erfahrungen führen nicht nur zu Glückserlebnissen, sondern auch zum Bewusstsein des eigenen Könnens. Es entsteht das Gefühl, Kontrolle über die Situation zu haben und über Kompetenzen zu verfügen. Sie bilden die Grundlage für eine

positive Lebenseinstellung: nicht hilflos dem Schicksal ausgeliefert sein, sondern selbst etwas unternehmen zu können. Das Kind kann das Resultat seines Tuns kontrollieren, es kann den Effekt der Handlungen auf sich selbst zurückführen.

Je mehr Gelegenheit Ihr Kind zum Erkunden und Erforschen seiner Umwelt hat, umso mehr Situationen kann es auch „meistern". Ein ängstliches, unsicheres Kind wagt sich nicht an neue unbekannte Aufgaben heran, es zieht sich auf das zurück, was es kennt, was ihm vertraut ist. Sein Repertoire ist beschränkt. Es wagt nicht, probiert nichts aus und hat somit auch nicht das befriedigende Erlebnis, etwas Neues geschafft zu haben. Es bleibt damit länger auf demselben Entwicklungsstand stehen, erweitert sein Verhaltens- und Bewegungsrepertoire und seine Kenntnisse nicht. Jede gelungene Handlung dagegen fordert zu neuen Taten heraus. So wird ein aktives, neugieriges, sich sicher fühlendes Kind sich auch auf unbekannte Situationen eher einlassen, wird etwas wagen, etwas ausprobieren: Das schöne Gefühl, selbstständig etwas geschafft zu haben, entwickelt sich.

Auf diese Weise kann ein positiver, aber auch ein negativer Kreislauf entstehen. Während das zuerst beschriebene Kind in seinen Aktivitäten eher gelähmt wird, spornt der Erfolg das zweite Kind an.

Wie die Entwicklung von Selbstständigkeit unterstützt werden kann

Ab dem Krabbelalter ist für Kinder ihre gesamte unmittelbare Umgebung willkommener Anlass für Entdeckungen und Erkundungen. Sämtliche Einrichtungsgegenstände und Utensilien des Haushalts wecken ihre Neugierde, so dass die Eltern gut daran tun, gefährliche und kostbare Stücke eine Zeit lang zu entfernen. Einfache Möbel- und Einrichtungsgegenstände (Schaumstoffteile, Matratzen) helfen auf dem Weg in die Selbstständigkeit. Ein Sofa oder ein Couchtisch bieten Stütze und Hilfe bei den Versuchen des Kindes, sich aufzurichten und die ersten Steh- und Gehversuche zu machen. Klettermöglichkeiten können auch in der Wohnung geschaffen werden: Kissen, Polster, Matratzen sind ungefährlich und können vom Kind selbst arrangiert werden, abhängig davon, was es sich beim Klettern selbst zutraut.

Auch Fortbewegungsmittel sollten unter dem Aspekt der selbstständigen Beherrschung betrachtet werden: Schieben Sie Ihr Kind nicht auf dem Dreirad sitzend mit einer Stange vor sich her – wenn es das Treten der Pedale nicht alleine schafft, ist es noch zu früh, ihm ein solches Fahrgerät zur Verfügung zu stellen. Besser ist hier ein Rutschauto oder das Schieben des eigenen Buggys – das kann es aus eigener Kraft bewältigen. Bevorzugen Sie auch Spielzeug, mit dem das Kind selbst etwas tun muss, mit dem es aktiv etwas schaffen oder bewirken kann.

Nur durch die Erfahrung, Probleme selbst lösen zu können, Schwierigkeiten zu bewältigen und Aufgaben zu meistern, baut das Kind Vertrauen in die eigenen Fähigkeiten auf. Daraus entsteht Selbstsicherheit, ein positives Selbstwertgefühl.

Zu einem positiven Selbstwertgefühl gehört aber auch das Wissen um die eigenen Grenzen, die Einsicht, nicht alles zu können und die Fähigkeit, sich auch Schwächen und Misserfolge zuzugestehen.

3. Nur wer sich bewegt, kommt voran

Sich bewegen heißt voranzukommen – im wörtlichen wie im übertragenen Sinne. Bewegung ist für das Kind in den ersten Lebensjahren das wichtigste Mittel, um Erfahrungen über die eigene Person, aber auch seine soziale, räumliche und dingliche Umwelt zu gewinnen.

Die Bedeutung von Bewegungserfahrungen

- Durch und in Bewegung können Kinder den eigenen Körper und damit auch sich selber kennen lernen; sie setzen sich mit den eigenen körperlichen Fähigkeiten auseinander und gewinnen ein Bild von sich selbst.
- Bei Bewegungsspielen lernen Kinder, mit anderen gemeinsam etwas zu tun, sie ahmen andere nach und sind ihnen Vorbild, sie spielen mit- und gegeneinander, geben nach und setzen sich durch und machen damit wichtige soziale Erfahrungen.
- In Bewegung erleben Kinder, was es heißt, selbst etwas zu schaffen und herzustellen, mit den eigenen Kräften etwas hervorzubringen. Ein Purzelbaum ist z. B. ein Produkt, das sie ganz alleine mit ihren eigenen Kräften geschaffen haben.
- Durch Bewegung können Kinder Gefühle und Empfindungen ausdrücken, Freude, Traurigsein und Wut zeigt sich bereits in ihrer Körperhaltung.
- Sie können aber auch Lust, Freude, Erschöpfung, Anspannung oder Entspannung empfinden. Bewegung vermittelt ihnen diese Gefühle.

- In Bewegung lernen Kinder ihre dingliche und räumliche Umwelt kennen. Gegenstände und Objekte werden ausprobiert, ihre Eigenschaften erkundet, ihre Gesetzmäßigkeiten erkannt.
- Bei Bewegungsspielen können Kinder sich mit anderen vergleichen, sich miteinander messen, wetteifern und dabei lernen, mit Erfolg umzugehen, aber auch Misserfolg zu verkraften.

Bei all diesen Erfahrungen, die Kinder durch Bewegung machen, handelt es sich um primäre Erfahrungen. Sie werden unmittelbar und direkt durch das eigene Tun, die eigene Aktivität, den Einsatz des Körpers und der Sinne, durch das Erproben und Experimentieren gewonnen.

Die Gesetzmäßigkeiten der Dinge erkennen

Bereits das Kleinkind experimentiert mit den Dingen und erprobt ihre Gesetzmäßigkeiten. Etwa das Baby im Hochstuhl: Es lässt alles, was in seine Reichweite kommt, auf den Boden fallen. Natürlich benötigt es bei diesem Spiel jemanden, der die Sachen wieder aufhebt und ihm wiedergibt – damit sie gleich wieder auf dem Boden landen. Man könnte meinen, das Baby wolle einen ärgern. Dabei hat es gerade eine hochinteressante Versuchsreihe aufgebaut, die da heißt: Alles fällt nach unten. Und alle Dinge machen unterschiedliche Geräusche: der Keks, die Rassel, der Ball. Ein Experiment lebt von der Wiederholung. Immer wieder muss das Kind überprüfen, ob das Gesetz auch wirklich stimmt. Es braucht Erwachsene, die sich an seinem Spiel beteiligen, die Anteil nehmen an seinen Versuchen, die Welt zu entdecken und zu verstehen, wie sie funktioniert.

Das Mittel hierzu stellen die Bewegungshandlungen dar. Sie

sind die Elementarstufe der Intelligenzentwicklung. Denken vollzieht sich zunächst in der Form aktiven Handelns: Über die praktische Bewältigung von Situationen gelangt das Kind zu deren gedanklicher Beherrschung.

Kinder sind Gestalter ihres eigenen Lernens. Fantasie und Neugierde halten ihre Lernbereitschaft wach. Wichtig ist aber auch eine inspirierende Umgebung, die ihnen erlaubt, selbst aktiv zu werden und die ein Lernen über Bewegung und Wahrnehmung ermöglicht.

Mit allen Sinnen die Welt erkunden

Kinder nehmen die Welt mit allen Sinnen auf: Gegenstände werden mit dem Mund untersucht, mit den Händen, mit dem ganzen Körper erkundet. Um ihre Beschaffenheit kennen zu lernen, müssen sie betastet, ergriffen werden: nur dann kann man sie wirklich auch begreifen. Über die Sinne werden Erfahrungen zu Erkenntnissen.

Die sinnliche Wahrnehmung umfasst nicht nur die Aufnahme von Reizen durch die Sinnesorgane, sondern auch die Verarbeitung dieser Sinnesreize. Dabei muss die Vielzahl der Eindrücke, die auf den Menschen tagtäglich einströmen, gefiltert, sortiert, zugeordnet und mit früheren Erfahrungen verglichen werden. Schließlich erfolgt eine Reaktion, der Impuls für eine Handlung, aus der dann wieder neue Wahrnehmungen entstehen.

Kinder brauchen ein gut ausgebildetes Wahrnehmungsvermögen, um sich mit der Welt auseinandersetzen zu können und die Vielfalt der Eindrücke, die täglich auf sie einströmen, auch zu verarbeiten.

Von besonderer Bedeutung sind dabei die sogenannten „Basissinne" – der Tastsinn, der Gleichgewichtssinn und der Bewegungssinn. Sie werden unter dem Fachbegriff „taktil-kinästhetisch-vestibuläre Wahrnehmung" zusammengefasst (vgl. Zimmer 2009 a).

Der Mensch wird mit funktionierenden Sinnessystemen geboren. Entscheidend für die Weiterentwicklung ist allerdings, wie die Sinne nach der Geburt weitergenutzt werden. Vielfältige Reize aus der Umwelt tragen dazu bei, dass die Wahrnehmungssysteme differenziert werden und die einzelnen Sinneseindrücke gut integriert, d. h. miteinander verbunden und verarbeitet werden.

Die zunehmende Differenziertheit des menschlichen Gehirns beruht auf den Wachstumsreizen, die von den Sinnesorganen ausgehen. Das Gehirn stellt eine Art „Schaltzentrale" dar, innerhalb derer die Reize verarbeitet werden. Voraussetzung für die Ausdifferenzierung ist die Eigenaktivität des Kindes.

Wichtig für die Verarbeitung von Sinneserfahrungen ist aber auch das emotionale Befinden des Kindes: Erst wenn es sich sicher und geborgen fühlt, wenn es Vertrauen in sich selbst und seine Umwelt hat, werden neue, unbekannte Situationen mit Neugierde und Interesse wahrgenommen. Nur wenn das Kind eine positive Grundeinstellung zu seiner Umwelt entwickeln konnte, wird Neues nicht als Verunsicherung, sondern als Herausforderung empfunden. Das Gefühl emotionaler Geborgenheit und Sicherheit wirkt sich also auch im Hinblick auf die Wahrnehmungs- und Bewegungserfahrungen des Kindes entwicklungsfördernd aus. Angst, Misstrauen und Unsicherheit haben dagegen entwicklungshemmende Wirkungen.

Zur Entwicklung der Sinne

Die meisten Neugeborenen kommen mit intakten und gut funktionierenden Sinnessystemen auf die Welt. Sie können sehen und hören, schmecken und riechen, tasten und sich bewegen. Ein Baby erkennt seine Mutter z. B. am Geruch, es kann fremde Stimmen von vertrauten unterscheiden. Das Kind braucht seine Sinne, um die Welt in sich aufzunehmen, sich mit ihr auseinanderzusetzen. Die Ausstattung für diese wichtige Aufgabe wird uns zwar von der Natur mitgegeben, die Funktionsfähigkeit der Sinne wird aber erst durch ihre ständige Inanspruchnahme verbessert. Insbesondere die Verbindung verschiedener Sinneserfahrungen, die Integration der Sinne, kommt erst durch tägliches Üben zustande. Die Sinne müssen „benutzt" werden, um zu funktionieren. Wenn sie nicht oder nur einseitig eingesetzt werden, stumpfen sie ab.

Die sinnliche Wahrnehmung bleibt das ganze Leben über von Bedeutung, am wichtigsten ist sie jedoch in der Kindheit, wenn über die Sinne die Welt erfahren und erste Bilder von der Welt entwickelt werden. „Wie riecht das Gras?", „Hört man den Wind?" sind Fragen, die nur über die sinnliche Erfahrung beantwortet werden können.

Die Wahrnehmungsfähigkeit kann verbessert werden, wenn in den ersten Lebensjahren viele Gelegenheiten zum differenzierten Üben vorhanden sind. Für diese wichtige Aufgabe der Kindheit ist jedoch im Lebensalltag nur noch wenig Gelegenheit vorhanden. Zwar bietet die Begegnung mit der Natur viele Möglichkeiten zur Entfaltung der Sinne (vgl. Kapitel 8), aber diese Erfahrungswelt steht den meisten Kindern heute nicht mehr ohne weiteres zur Verfügung.

Viele Kinder wachsen heute nicht mehr in einer natürlichen, sondern in einer eher künstlichen Lebenswelt auf: Selbst bei der täglichen Nahrungsaufnahme sind Fertigprodukte bereits die Regel. Die Sinne finden hier keine „Nahrung": Der Kuchen kommt fix und fertig aus der Kühltruhe auf den Tisch, Kinder erleben nicht mehr den Prozess des Teigknetens, Ausrollens, den Duft des Backens, des langen Wartens, bis der Kuchen endlich abgekühlt ist und angeschnitten werden kann. In der Gefriertruhe sind alle Kuchen fertig, sie werden nach Abbild gekauft und bedürfen nicht der lang andauernden, viele Sinne ansprechenden Vorbereitung.

Der Geschmack wird durch starkes Süßen und Salzen in bestimmte Richtungen geleitet, die Hörwelt ist überfüllt von ständigen akustischen Reizen. Die permanente Berieselung mit

Musik, Lärm und Geräuschen führt zur Reizüberflutung und in der Folge oft zu Konzentrationsstörungen.

Reizüberflutung auf der einen Seite, ein Mangel an intensiven körperlich-sinnlichen Erfahrungen auf der anderen Seite – dieses Ungleichgewicht kennzeichnet den Lebensalltag von Kindern heute.

4. Kleine Füße – große Schritte

Die Spiel- und Bewegungsbedürfnisse eines Kindes sind je nach Alter unterschiedlich. Für das Krabbelkind ist der Boden der wichtigste Spiel- und Entdeckungsraum. Hat das Kind dann laufen gelernt, gewinnen weitere Dimensionen des Raumes an Bedeutung: Es beginnt zu klettern, zu springen, zu balancieren.

Wie Eltern die Erweiterung des Bewegungsradius ihres Kindes von Anfang an begleiten können, soll in diesem Kapitel an einigen Beispielen gezeigt werden.

Das erste Lebensjahr – krabbelnd die Welt erforschen

Vom ersten Lebenstag an ist das Baby in Bewegung: Es strampelt mit den Beinen, fuchtelt mit den Armen und nur beim Schlafen liegt es still.

Mit Genuss nimmt das Baby jede Berührung, jedes Streicheln und auch passive Bewegungen seiner Hände oder Füße wahr. Die ersten Spiele zwischen den Eltern und ihrem Kind sind vor allem Berührungs- und Schmusespiele. Auf dem Arm gehalten genießt es, geschaukelt und gewiegt zu werden, Kitzel- und Knuddelspiele werden oft mit kleinen Versen begleitet („Geht ein Mann die Treppe rauf …"). Es sind also vor allem Sinnesspiele, die das Kind im ersten halben Lebenshalbjahr, wenn es sich noch nicht selbstständig fortbewegen kann, liebt.

Nutzen Sie deswegen jede Gelegenheit, mit ihrem Kind den Körperkontakt zu genießen, es mit Finger- und auch Zehen-

spielen zu erfreuen, auf dem Schoß „Hoppe Reiter" zu spielen oder gemeinsam mit dem Kind auf dem Boden zu liegen und in der Bauchlage auch einmal selbst zu spüren, wie anstrengend es ist, den Kopf über längere Zeit hochzuheben.

Im Anschluss an diese ersten sechs Monate beginnen Babys, sich von der Stelle fortzubewegen. Sie fangen zunächst an, sich durch den Raum zu „rollen", kurze Zeit später ziehen sie sich auf dem Bauch vorwärts, dann beginnen sie zu robben, lernen zu krabbeln und fangen schließlich mit den ersten Gehversuchen an.

In dieser Zeit ist der Boden der bevorzugte Spielort des Kindes. Ihr Kind braucht viel freie Fläche auf dem Boden, eine Decke, Kissen, über die es sich rollen und wälzen kann, Polster, auf die es krabbeln und später auch klettern kann. Je mehr auch Sie sich auf dem Boden aufhalten und sich mit dem Kind „auf einer Höhe" befinden, umso mehr wird es sich im Krabbeln üben und den sicheren Vierfüßlergang dem Hochziehen in den Stand vorziehen. Für die Entwicklung der Bewegungskoordination ist das Krabbeln äußerst wichtig, deswegen ist es vorteilhaft, wenn das Kind sich ausgiebig im Krabbeln, Robben und Kriechen üben kann.

Räumen Sie gefährliche Gegenstände weg (Couchtische mit scharfen Kanten, Bodenvasen, etc.), denn ab sofort ist alles was sich in Reichweite des Kindes befindet nicht mehr sicher. Greifen Sie vor allem nicht *zu* früh in die Versuche ihres Kindes ein, seine Umwelt in Bewegung zu entdecken. Durch das Krabbeln, Kriechen und die ersten Kletterversuche wird das Kind in seiner Bewegungskoordination immer sicherer!

Auch kleine Bewegungsspiele können schon in diesem Alter mit dem Kind durchgeführt werden. Kleinkinder lieben besonders die einfachen, vorhersehbaren Spiele wie z. B.:

- Fangspiele im Krabbeln,
- Rollen und Wälzen über Kissen und Polster,
- Fingerspiele,
- Versteckspiele (Guck-Guck),
- Rückenreiterspiel,
- Schoßreiterspiel (regt die Sprach-, aber auch die Bewegungs-entwicklung an),
- Bilderbücher betrachten und dabei die Tiere, Fahrzeuge, etc. nachahmen,
- Singspiele (vgl. Kap. 7).

In jeder Wohnung gibt es zahlreiche Möglichkeiten, Ihrem Kind neue Bewegungserlebnisse zu ermöglichen. Auch auf den ersten Blick vielleicht etwas unkonventionelle Ideen werden vom Kind positiv aufgenommen und mit Freude begrüßt. Vom Drehen auf dem Schreibtischstuhl über das in die Arme springen vom Wickeltisch bis hin zum fetzigen Tanzen und Schwingen auf dem Arm lassen sich viele Ideen einfach zu Hause umsetzen.

Aber auch außerhalb der Wohnung gibt es viele Bewegungsanlässe. Besuchen Sie regelmäßig einen Spielplatz und lassen Sie Ihr Kind schaukeln, rutschen, sich auf dem Karussell drehen, die schrägen Ebenen hochkrabbeln, im Sand spielen, etc. Der Vielfältigkeit an Bewegungsmöglichkeiten sind keine Grenzen gesetzt.

Das zweite Lebensjahr – nichts ist mehr sicher

Zwischen dem 12. und dem 16. Monat lernen Kinder in der Regel das aufrechte Gehen. Dies ist eine spannende Zeit, in der sie sich ständig an Möbelstücken hochziehen wollen, Hocker schieben und immer wieder an den Händen eines Erwachsenen gehen möchten. Spätestens ab diesem Zeitpunkt ist nichts mehr in der Wohnung sicher. Die Kinder räumen Regale und Schränke aus, sie klettern die Treppen hoch, greifen auf Zehenspitzen nach höher gelegenen, gerade noch sichtbaren Objekten, sie wollen Stühle erklimmen, auf Tische klettern, auf Gegenständen trommeln und auf instabilem Untergrund „rumwackeln". Diese Spiele lieben sie:

- Einräumen – Ausräumen,
- Ball zurollen,
- auf Matratzen springen,
- auf Kissen kullern und rollen,
- schräge Ebenen hinunterrollen.

Sobald die Kinder sicher gehen gelernt haben, suchen sie nach neuen Herausforderungen. Das Bewegungsrepertoire wird täglich größer. Ihre Laufbewegungen, Kletterversuche und das Treppen (er-)steigen werden zunehmend sicherer. Sie können von einer Rutsche rutschen, alleine schaukeln und einen Ball (ungezielt) werfen. Sie lernen Bobbycar und Dreirad fahren. In dieser Zeit eignen sie sich auch kleine Kunststücke an, wie z. B. „Brücke bauen", „Kerze" oder Purzelbaum.

Nicht immer sind die Wohnung oder Wohnumgebung so beschaffen, dass sie den Bewegungsbedürfnissen der Kinder entsprechen. Bewegungsraum muss man manchmal auch erst schaffen oder aufsuchen. In diesem Sinne kann man sich einmal anders mit seiner Wohnwelt auseinandersetzen. Neben überflüssigen Möbeln können eventuell auch gefährliche Kanten das Toben gefährden. Zusätzliche „Bewegungselemente" wiederum, wie Minitrampoline oder Sprossenwände können zu Bewegung anregen.

Auch nicht jeder Außenbereich ist für vielfältige Bewegungsmöglichkeiten ausgerichtet. Man muss aber nicht immer lange suchen, um eine naturbelassene Freifläche oder einen kindgerechten Sportplatz in der Nähe zu finden.

Bewegungsanregungen erweitern das kindliche Verhaltensrepertoire. Machen Sie Ihr Kind auch auf neue Bewegungsmöglichkeiten aufmerksam oder ermuntern Sie es zu gemeinsamen Bewegungsaktivitäten. Nicht alle Kinder sind von sich aus bewegungsaktiv, manche bedürfen auch der Anregung von außen. Die beste Ermunterung dabei ist Ihr eigenes Bewegungsverhalten. Ballspielen und Kletterversuche sowie Balancierübungen auf der Mauer und Hüpfaktionen auf dem Bett sind natürliche Möglichkeiten sich zu bewegen.

Solche Art von Bewegungsspielen sind bei den meisten Kindern in diesem Alter sehr beliebt. Herausforderungen und Entdeckungen stehen dabei im Mittelpunkt! Die Kinder lieben Spielfolgen, die nach einem bestimmten Muster ablaufen und immerzu wiederholbar sind. Nutzen Sie das kindliche Bedürfnis, Neues kennen zu lernen und die Lust an Ritualen. Altbekannte Tanzlieder wie z. B. „Brüderchen, komm tanz, mit mir!" oder „Ich bin ein dicker Tanzbär" sowie „Häschen in der Grube" lassen sich sehr gut in Bewegung umsetzen. Aber auch neue Spiellieder und Sprechreime sind bewegungstauglich. Der

eigenen Kreativität sollen keine Grenzen gesetzt werden. Fin-
ger-, Zehen- und Fußspiele können gemeinsam mit dem Kind
erfunden werden.

Einfache Nachahmungsbeispiele von bekannten Tierbewegungen können auch in das Alltagsrepertoire mit aufgenommen werden! Z. B.: Wie bewegt sich eine Katze, ein Pferd, ein
Vogel? Wie frisst ein Löwe, ein Elefant, ein Affe?

Das dritte Lebensjahr – auf der Suche nach neuen Erfahrungen

Die Kinder hopsen, klettern, balancieren, flitzen, springen, rutschen ... und probieren immer wieder neue Bewegungselemente aus. Im Laufe des dritten Lebensjahres lernen die meisten Kinder Fahrrad fahren, sich die Schuhe selber anzuziehen,
einen Ball aufzufangen, und einige Kinder lernen sogar das
Schwimmen. Das Bewegungsverhalten der Kindes wird zunehmend sicherer und somit kommt es zu einem weiteren Schritt:
Es löst sich mehr und mehr von den Eltern. Wie in den vorhe-
rigen Altersstufen profitiert Ihr Kind in seiner Bewegungsentwicklung auch in dieser Zeit von Ihrer Unterstützung.

Auch im dritten Lebensjahr spielt der „Raum" noch eine wichtige Rolle beim Sich-Ausprobieren. Nicht immer ruft das eigene
Kräftemessen bei den anderen zu Hause pure Begeisterung hervor. Ständige Ermahnungen sind jedoch weder sinnvoll noch hilf-
reich. Lassen sich die Aktivitäten zumindest teilweise nach draußen verlagern? Falls nicht, sollten Sie nochmals überprüfen,
welche Möbel und raumgreifenden Spielzeuge tatsächlich im
Kinderzimmer vorhanden sein müssen und ob es nicht möglich
wäre, aus Matratzen, Decken, Hängematte und Kissen eine Tobe-
Ecke zu machen, in der gefahrlos gehüpft und gesprungen werden
darf. Diese Bewegungsorte müssen nicht immer in aktiver Form
genutzt werden, sie können auch Raum für Entspannung bieten.

Kinder haben immer wieder Ideen, die sie in ihrer Bewegungsaktivität herausfordern. Sie sehen zwischen zwei Sesseln einen gefährlichen Abgrund und wollen diesen heil überqueren. Sie schaukeln im Wäschekorb und erproben, wann dieser zu kippen droht. Greifen Sie diese Spielideen auf und erweitern Sie sie gemeinsam mit Ihren Kindern. Lassen Sie sich von Ihrem Kind bzw. Ihren Kindern verführen! Den Möglichkeiten zu spielen sind keine Grenzen gesetzt. Vielleicht sind Sie und Ihr Kind Bergsteiger, die auf Tisch und Stühle klettern und schwierige Abstiege vom Hochbett meistern müssen, oder Piraten, die auf einem Fantasieschiff durch die Wohnung schippern und versuchen, das gegnerische Schiff zu entern. Pappkartons können dafür in Schiffe verwandelt werden oder auch als Schneestiefel dienen, um durch den tiefsten Winter in der „schneebedeckten" Wohnung zu kommen. Das Wohnzimmer kann sich aber auch in ein geheimes Labor verwandeln, in dem eine gefährliche Flüssigkeit ausgelaufen ist und man nun nicht mehr den Boden berühren darf.

Manchmal noch reizvoller als das eigene Zuhause sind bewegungsanregende Orte außerhalb der bekannten Umgebung, an denen Kinder unzählige Gelegenheiten finden, etwas Neues zu entdecken oder auszuprobieren. Rolltreppen, Treppenstufen, Rollstuhlrampen und Mauern sind ein perfekter Bewegungsparcours. Bei diesen Gelegenheiten setzt sich das Kind mit seinen eigenen Fähigkeiten und Kräften auseinander. Komme ich die Rollstuhlrampe alleine hoch? Wie viele Treppenstufen kann ich hier herunterspringen? Kann ich auf der kleinen Mauer dort balancieren? Diese Fragen bewegen Kinder – im wahrsten Sinne des Wortes. Unterstützen Sie die Bewegungsaktivitäten Ihrer Kinder und genießen Sie die kindliche Entdeckerfreude! Und fragen Sie sich ehrlich, ob Sie es wirklich eilig haben müssen ... ist das, was ihr Kind macht, nicht manchmal wichtiger als der schnell erledigte Einkauf? Und „wartet" die Wäsche zu Hause wirklich auf Sie?

Profitieren Sie lieber von den verschiedenen Mustern auf dem Gehweg, indem Sie sie als spontane Hüpflandschaft nutzen. Auch das „Selber-Gehen-Wollen" auf kleinen Mauern oder das „Gegen-die-Rolltreppe-Laufen" sind Herausforderungen, die Kinder immer wieder gerne annehmen.

Eltern haben nicht immer Zeit zum freien Spielen mit den Kindern, weil sie auch ihren Verpflichtungen im Haushalt nachkommen müssen. Um die Kinder nicht auf später zu vertrösten, kann es sinnvoll sein, sie an den Haushaltstätigkeiten zu beteiligen oder die Aufgaben mit Bewegungsspielen zu verknüpfen. Die Arbeit dauert dann zwar manchmal etwas länger, stimmt aber alle Beteiligten zufriedener – und Sie haben die Zeit gemeinsam mit Ihren Kindern verbracht.

Kinder können z. B. beim Wäsche aufhängen oder Wäsche sortieren nach Farben mit einbezogen werden. Das kräftige Ausschütteln der Kleidung macht gerade den Kleinsten sehr viel Spaß, aber auch Staubsaugen oder den Müll heraustragen sind für kleine Kinder weniger lästige Pflichten als vielmehr Bewegungsaufgaben, die sie mit Spaß und stolz auf ihre Selbstständigkeit alleine bewältigen können.

Küchenutensilien regen ebenfalls zum Spielen und Ausprobieren an. Während die Kleinsten begeistert alles untersuchen werden, was man ihnen gefahrlos in die Hand geben kann, können die Größeren schon gezielte Aufgaben in der Küche übernehmen, wie z. B. Obst und Gemüse waschen.

Auch kleine Bewegungsaufgaben, die den Kindern während des Kochens nebenbei gestellt werden, können ein Anreiz für Kinder sein: Springen wie ein Toast, wenn er fertig ist, sich drehen wie ein Mixer … oder was passiert mit Mais, wenn er in einer Pfanne liegt, die erhitzt wird?

5. Mut machen zum Mitmachen

Die Familie hat in den ersten Lebensjahren entscheidenden Einfluss auf die Bewegungsentwicklung der Kinder. In der Wohnung und der häuslichen Umgebung finden sie ihre ersten Erfahrungs- und Bewegungsräume. Wie Kinder sich hier bewegen dürfen, welche Spielmöglichkeiten sie vorfinden, wie die Eltern selbst mit den Kindern spielen, dies bildet das Fundament, auf dem die gesamte weitere Entwicklung gründet.

Anlässe für aktives Erkunden der Umwelt

Im Kleinkindalter ist die Aufforderung, die von der unmittelbaren Umgebung ausgeht, Anlass für aktive Erkundungen. Besonders wichtig ist allerdings, wie sich die Eltern und Bezugspersonen gegenüber dem Kind verhalten: Überbehütung schränkt den Bewegungsraum der Kinder ein, sie werden übervorsichtig und trauen sich meist weniger zu, als sie schaffen könnten.

Eine liebevolle Begleitung des Kindes bei seinen Versuchen, sich die Welt über seinen Körper zu erobern, unterstützt es in der Entwicklung seiner Selbstständigkeit und gibt ihm Selbstvertrauen und Mut.

Was Kinder für eine gesunde Entwicklung brauchen, zeigen sie deutlich in ihrem Verhalten: Toben, Rennen, Hüpfen, Klettern, Springen … Sie brauchen Bewegung, um ihre Kräfte zu entwickeln, um groß und stark zu werden, um ihre Muskeln zu stärken, gleichzeitig aber auch den Verstand zu trainieren.

Bewegungsspiele enthalten eine natürliche Rückmeldefunktion für das Kind: Hat es die Aufgabe bewältigt, bleibt die Papprolle z. B. beim Balancieren auf der Hand stehen, kann das Kind damit sogar über Hindernisse hinwegsteigen, ist dies dann seine Leistung. Es hat sie mit eigenen Kräften bewältigt, niemand anders ist für den Erfolg verantwortlich als es selbst. Was die Eltern und Erwachsenen dazu beitragen können, ist die Vorbereitung des Materials und das Arrangement der Spielsituation: eine kleine dünne Papprolle etwa ist schwieriger zu balancieren als eine mit größerem Durchmesser, die besser stehen bleibt.

Wählen Sie kleine Schritte, damit die Aufgaben für das Kind beherrschbar sind. Natürlich dürfen diese auch nicht zu leicht sein, sonst verliert Ihr Kind schnell das Interesse. Es will ja herausgefordert werden. Den passenden Schwierigkeitsgrad zu finden ist hier wichtig. Am einfachsten ist es, Situationen zu finden, bei denen das Kind zwischen verschiedenen Anforderungen selbst aussuchen kann.

Nur durch Selbsttätigkeit kann ein Kind zur Selbstständigkeit gelangen. Dabei sollten Erwachsene bedenken, dass Freude an einer Tätigkeit und sinnvolle Handlungen sich nicht erzwingen lassen. Sie ereignen sich jedoch unter günstigen Lernbedingungen. Dazu gehört eine Umgebung, die dem Kind das Selbergestalten ermöglicht und ihm auch erlaubt, sein eigenes Lerntempo und den passenden Schwierigkeitsgrad zu finden. Es sollte alle Sinne einsetzen können, mit der Hand, dem Mund, dem Kopf und dem Körper lernen.

Spielräume für Entscheidungen

An jedem Tag gibt es eine Fülle von Gelegenheiten, die Entwicklung der Kinder zur Selbstständigkeit zu unterstützen.

Zweijährige haben einen ganz großen Wunsch: alles alleine

zu können. Und sie können so viel – wenn man sie lässt. Eltern neigen oft dazu, ihre Kinder in ihren Fähigkeiten zu unterschätzen, dabei beteuern die Kinder doch immer wieder: „Selber machen!", „Kann alleine!" Bereitwillig helfen sie, den Tisch zu decken, zu putzen und staubzusaugen. Sie „arbeiten" gerne, weil sie in diesen Tätigkeiten ein sinnvolles Tun entdecken und sich ernst genommen fühlen. In den „Ernstsituationen" des Alltags erproben und beweisen sie ihre Geschicklichkeit. Das Risiko, dass dabei ein Teller zerbrechen könnte, sollte nicht zur Einschränkung werden. Auch übermäßiges Beschützen birgt Gefahren in sich. Ohne Risiken, die allerdings vom Kind erkennbar und einschätzbar sein sollten, kann ein Kind nicht die eigenen Grenzen kennen lernen.

Der erste Schritt in die Selbstständigkeit und eigene Verantwortung beginnt bereits beim selbstständigen Anziehen: Welcher Schuh gehört an welchen Fuß? Wie hakt man einen Reißverschluss ein oder wie schließt man die Knöpfe? Welche Strümpfe ziehe ich heute an? Auch hier ist es wichtig, Kindern einen eigenen Entscheidungsspielraum einzuräumen, ihnen zuzutrauen, dass sie ein Problem selbst meistern und Lösungen selbstständig finden. Es sind oft – scheinbar – unwichtige, unauffällige Anlässe, in denen das Kind seine Selbstständigkeit erprobt.

Bei der Auseinandersetzung mit den Anforderungen des Alltags lernt das Kind, sich selbst zu helfen. Lernerfahrungen aus der frühen Kindheit spielen eine entscheidende Rolle bei der Art und Weise, wie es später mit Konflikten und Problemen umgehen, wie es Schwierigkeiten überwinden wird.

Strategien zur Bewältigung von Problemen entwickelt es nicht erst dann, wenn es in eine ernste Lebenskrise gerät. Konfliktbewältigung lernt man bereits im Kleinkindalter, lange bevor es zu wirklichen Problemsituationen kommt. Für das Kind ist es eben schon ein Konflikt, wenn es sich in den Kopf gesetzt hat, selber etwas zu machen und ein Erwachsener sich dabei einmischt: dem Erwachsenen geht es meist nicht schnell genug, das Kind macht es nicht richtig, „So kann das ja nie was werden", „Das dauert ja viel zu lange" heißt es dann – lauter Entmutigungsaussprüche, die das Selbstvertrauen der Kinder demontieren.

Bewahren Sie stattdessen die innere Ruhe, beobachten Sie Ihr Kind und begleiten Sie es bei seinen vielfältigen Versuchen, die Welt zu begreifen. Es kann spannend und lehrreich sein, mit dem Kind gemeinsam wieder die Welt neu zu entdecken. Üben Sie sich im Zu-sehen, Zu-hören und Mit-fühlen.

Die Welt durch das eigene Tun entdecken

Sie können viel dazu beitragen, dass die Erfahrungswelt der Kinder nicht noch weiter eingeengt wird. Im alltäglichen Zusammensein mit Kindern können Sie spielerische Möglichkeiten zum Einsatz aller Sinne bereitstellen und die Kinder begleiten bei dem Abenteuer, sich auf ungewohnte sinnliche Erfahrungen einzulassen.

Da ist z. B. der Weg in den Kindergarten. Wenn irgend möglich, sollten Sie sich Zeit nehmen für diesen Weg. Nehmen Sie einmal nicht das Auto, sondern gehen sie mit dem Kind zu Fuß. Im Auto – festgeschnallt im Kindersitz – saust die Welt am Kind vorbei. Es hat keine Zeit und keine Möglichkeit, sie zu erleben. Was die Sinne wahrnehmen, ist für das Kind interessant, es weckt seine Neugierde: die Pfütze – eine willkommene Gelegenheit, die Fähigkeit zum Weitspringen zu erproben; eine Mauer – mal kurz raufklettern und wieder runterspringen; die Pflastersteine – immer zwei übersteigen und nicht auf die roten treten; ein Hund – ob ich den wohl streicheln darf? Der Zigarettenautomat – schnell ein Griff in die Geldrückgabe, fühlen, ob Geld drin ist; einmal alle Tasten drücken und Schubladen ziehen; dann eine Baustelle mit einem großen Bagger, der ein

riesiges Loch aus der Erde hebt – stehen bleiben, schauen, fragen – all dies ist möglich, wenn man Zeit und Muße hat. Das ist
wie ein Ausflug in eine Welt voller neuer Erlebnisse – dabei ist
es doch nur die alltägliche Umgebung. Aber auch die kann

spannend und erlebnisreich sein – wenn man sich für sie Zeit nimmt.

Die Kinder beobachten, an ihrem Spiel Anteil nehmen, zu erfahren versuchen, was sie bewegt, welche Fragen sie haben – manchmal fällt es den Erwachsenen schwer, sich so zurückzunehmen und doch dabei zu sein. Es geht nicht darum, sich permanent neue Angebote auszudenken, um diese dann mit den Kindern umzusetzen. Oft sind es gar nicht die Themen der Kinder, die dabei herauskommen, sondern die der Erwachsenen: das, was Erwachsene in Bezug auf Kinder für wichtig und lernenswert halten.

Auch für Erwachsene kann es spannend sein zu erkennen, wie Kinder ihr Verständnis der Welt aufbauen und versuchen, „hinter" die Dinge zu schauen, eine Beziehung zur Natur, zu den Pflanzen, Tieren, Materialien und Menschen aufzubauen. Erwachsene können die Kinder auf diesem Weg unterstützen, sie können sie begleiten, indem sie mit ihnen gemeinsam Situationen zum Staunen und Entdecken aufsuchen, ohne ihnen aber fertige Antworten zu geben.

Anstatt Lösungen vorzugeben, sollten sie den Weg zum Finden der eigenen Lösung ebnen. Auch Kinder sind schon zur eigenen Theoriebildung fähig: Sie beobachten, sie experimentieren und denken über ihre Erfahrungen nach, sie ordnen und entwickeln ihre Theorien weiter. Die Aufgabe der Erwachsenen besteht darin, die Kinder zu begleiten, Anteil an ihrer Arbeit zu nehmen und ihnen Unterstützung zu geben, wenn diese benötigt wird. Es ist nicht immer leicht, sich mit dem eigenen Wissen zurückzuhalten, aber für die weitere Entwicklung des Kindes ist es von ungeheurer Bedeutung, dass es die Lust am Fragen behält und die Welt durch eigenes Tun entdecken kann.

Spiel- und Bewegungsmöglichkeiten im Alltag

Die folgenden Spielideen haben mit dem Alltag der Familie zu tun. Spielort ist die Wohnung oder die unmittelbare Umgebung. Manche Spiele entstehen einfach so bei den alltäglichen Tätigkeiten im Haushalt, manche werden von den Eltern oder von älteren Geschwistern initiiert, andere entstehen aus der kreativen Verwendung von Materialien, Alltagsobjekten und Haushaltsgegenständen.

Ungeduldige Aufforderungen zum Spiel oder gar Leistungsdruck sollten dabei auf jeden Fall vermieden werden. Das Kind wird sich abwenden, verweigern, die Lust am Spiel verlieren. Zum Spielen kann man kein Kind zwingen – allerdings können Sie günstige Voraussetzungen schaffen, die Ihr Kind zum Spiel anregen.

Es gilt, die Eigeninitiative zu stärken, Bewegungslust zu wecken, Spielfreude zu unterstützen und die Sinnhaftigkeit des kindlichen Spiels zu akzeptieren, denn oft gibt das Kind einer Spielsituation eine ganz andere Bedeutung als der Erwachsene.

Die Spiele sind für Kinder im Alter von einem bis drei Jahren geeignet, natürlich können aber auch noch ältere Kinder mitspielen.

„Sockenbrüder"-Suche

Wäsche aufhängen ist für die meisten Erwachsenen eine zwar notwendige, aber ebenso langweilige wie ungeliebte Beschäftigung. Wenn man es einmal von seinem reinen Nutzwert befreit, kann das Wäsche aufhängen zusammen mit Kindern aber auch zum lustigen Spiel werden. Natürlich muss die Leine in Reichweite der Kinder hängen: eventuell zwischen zwei Bäumen ein Seil spannen, in der Wohnung kann ein Wäscheständer benutzt werden. Wie kann man die Wäsche sortieren? Das Kind darf ei-

gene Ordnungskategorien finden: alle roten, alle grünen Sachen, alle Strümpfe, alle Hemden etc. Immer zwei von einer Sorte finden: Wo ist der Sockenbruder, die Strumpfschwester? Die Suche geht so lange, bis einige Sachen übrigbleiben, die keine „Schwester" haben. Es gibt auch andere Sortier-Regeln: lange Sachen, kurze Sachen, alles, was zu einer Person gehört ...
Welche Regel findet das Kind selbst?

Fehlender Löffel

Beim Tischdecken darf das Kind selbst herausfinden, wie viele Gabeln, Messer, Löffel benötigt werden und sie auf die jeweiligen Plätze am Tisch legen.

Wie viele Personen essen mit, was gibt es zu essen und welches Besteck wird benötigt?

Und wenn es noch spannender werden soll: Sie decken den Tisch und lassen bewusst an einigen Stellen Besteckteile weg. Das Kind soll herausfinden, welche Besteckteile fehlen.

Deckelsuche

Mehrere Gläser mit Schraubdeckeln in unterschiedlicher Größe sollen einander zugeordnet werden: Welcher Deckel passt auf welches Glas?

Man kann probieren, welcher Deckel für das entsprechende Glas der richtige ist, man kann aber auch bereits durch genaues Hinsehen herauszufinden versuchen, welche Gläser und Deckel wohl zueinander passen würden.

Schatzkiste Knopfschachtel

Bestimmt gibt es in Ihrem Haushalt eine Schachtel, die mit vielen Knöpfen gefüllt ist. Für Kinder ist so etwas eine wahre Schatzkiste: Alle Knöpfe sehen verschieden aus, es gibt viele

unterschiedliche Formen, Größen, Farben. Vielleicht hat es Spaß daran,
- alle eckigen Knöpfe herauszufinden,
- die Knöpfe der Größe nach zu sortieren,
- die Knöpfe der Farbe nach zu sortieren,
- den kleinsten, den dicksten oder den buntesten Knopf zu suchen.

Kinder wollen selbst Ordnung bei Gegenständen herstellen. Wie lassen sich die Knöpfe reihen? Nach der Größe, der Form, der Farbe? Sicher finden sie noch andere Ordnungskriterien (nach der Schönheit, dem Glanz …). Vielleicht gibt es auch „Knopffamilien" mit Opaknöpfen und Babyknöpfen.

Vorsicht jedoch bei jüngeren Mitspielern: Die Knöpfe sollten nicht in den Mund genommen werden!

Kaufhausspion

Machen Sie aus dem ansonsten für Kinder so langweiligen Einkaufen im Supermarkt ein lustiges Suchspiel: Eine bestimmte Nudelsorte oder ein Waschpulver darf vom Kind gesucht werden. Es ist ein Spion, der die unauffällig versteckte Packung in den Regalen aufspüren soll (am besten dem Kind zu Hause eine leere Schachtel zeigen).

Es dauert vielleicht ein wenig länger, bis ein solcher Einkaufsgang erledigt ist, aber er wird für die Kinder nicht zu einer lästigen Pflicht, sondern zu einem spannenden Spiel.

Fremdenführer

Ebenso kann ein Spaziergang in der Stadt zu einem Suchspiel umfunktioniert werden, bei dem das Kind lernt, sich zu orientieren und sich an Gesehenes zu erinnern: Lassen Sie das Kind den richtigen Weg finden. Die Orientierungsfähigkeit hängt auch vom visuellen Gedächtnis ab. Wenn Sie Ihr Kind vom Kindergarten nach Hause begleiten, spielen sie mit ihm das Spiel „Ich bin das Kind und du der Erwachsene". Lassen Sie sich von Ihrem Kind den Weg zeigen, erklären und gehen Sie auch einmal einen falschen Weg, wenn es Sie so geführt hat. An einer markanten, wiedererkennbaren Stelle sprechen Sie mit ihm darüber, ob Sie hier wohl richtig sind. Und wenn es zu schwierig wird, hilft ein Rollentausch.

Fuß-Entdeckungen

Gehen Sie mit Ihrem Kind auf eine Fuß-Entdeckungsreise: Barfuß spürt man viel mehr. Deswegen ziehen Sie beide die Schuhe aus, einer schließt die Augen und wird von dem anderen über Gras, Kieselsteine, Sand, Schotter, Steinfliesen geführt. Was spüren bzw. „sehen" die Füße?

Für jüngere Kinder empfiehlt sich zunächst eine Fuß-Entdeckungsreise über weichere Materialien, wie z. B. Gras, Sand, Teppichfliesen, Moos. Im Krabbelalter können sie auf allen vieren die Beschaffenheit der Materialien erkunden.

Schneeflocken

Nicht nur mit den Füßen können Kinder auf eine Entdeckungsreise gehen, sondern auch mit den Händen. Hierzu eignet sich Papier besonders gut. Man kann mit ihm Geräusche machen: Papier knistert, raschelt, kann geknüllt oder zerrissen werden. Für das Spiel mit Papier eignen sich z. B. Küchenkrepp, Toilettenpapier oder gebrauchtes Geschenkpapier, ggf. auch Zeitungspapier (wenn es nicht zu viel Druckerschwärze abgibt).

Die Papierschnipsel können eine Regenschauer darstellen – oder auch Schneeflocken, die durch den Raum geworfen werden. Ein Schneesturm kann wüten, wenn zerpflücktes Toilettenpapier durch den Raum geworfen wird. Ein dicker Schneeberg kann entstehen, wenn zusammengeknülltes Papier auf einem Stapel angehäuft wird. Die Kinder können auf das Papier springen oder versuchen, durch den Schneeberg zu kriechen.

Anstelle von Papier können Wattebälle genutzt werden, die als große Schneeflocken durch den Raum geworfen werden. Watte fühlt sich weich und flauschig an und kein Kind kann verletzt werden (bei jüngeren Kindern sollten Sie jedoch darauf achten, dass die Watte nicht verschluckt wird).

Mumie

Toilettenpapier kann um die Kinder herumgewickelt werden, so dass sie erleben können, wie es sich anfühlt, wahlweise eng oder lockerer von Papier umhüllt zu werden. Viel Freude haben die Kinder anschließend dabei, sich wieder vom Papier zu befreien.
– Daraus kann der Mumientanz entstehen: „Tanzt so lange und wild, bis das Papier von Eurem Körper herunterfällt."
– Werden mehrere Kinder eingewickelt, können sie versuchen, sich gegenseitig von dem Papier zu befreien.
– Kinder haben aber auch viel Freude daran, die Eltern mit in das Spiel einzubeziehen und ihrerseits einzuwickeln (ähnlich wie beim Einbuddeln im Sand).

Kastanienbett

Gemeinsam mit den Kindern werden Kastanien gesammelt und in eine Babybadewanne oder ein kleines Planschbecken gefüllt. Die Kinder dürfen sich nun in das Kastanienbett legen. Wer möchte, kann sich zusätzlich noch von den Kastanien zudecken lassen.

In dem Kastanienbett kann auch ein kleinerer Gegenstand versteckt werden, den die Kinder mit geschlossenen Augen heraussuchen sollen.

Tipps für Bewegungsmuffel

Selbstverständlich gibt es auch Kinder, die nicht so bewegungsfreudig sind wie andere. Dies kann unterschiedliche Gründe haben. Manche Kinder sind vielleicht ängstlich, manche brauchen Zeit und schauen zuerst einmal den anderen zu. Einige Kinder haben womöglich schlechte Erfahrungen gemacht, sich weh getan, so dass sie zunächst einmal übervorsichtig sind. Und es gibt Kinder, die in bestimmten Entwicklungsstufen weniger bewegungsaktiv sind oder deren Interessen eher auf anderen Gebieten liegen. Wenn Sie das Gefühl haben, dass Ihrem Kind mehr Bewegung gut täte, dann drängen sie es auf keinen Fall, aber versuchen Sie ihm, Lust auf Bewegung zu machen!

- Locken Sie Ihr Kind, indem sie selber mitspielen. Nehmen Sie ein Gerät zur Hilfe: Einen Ballon oder einen Ball, den Sie Ihrem Kind zuspielen können. Auf diese Weise wird es sich eher zum Mitmachen verlocken lassen als über verbale Aufforderungen.

- Setzen Sie das Schwierigkeitsniveau so, dass Ihr Kind Erfolgserlebnisse sammeln kann. Was es gut kann, wird es auch gerne immer wieder machen.

- Lassen Sie Ihrem Kind Zeit, wenn es auf einem Spaziergang oder beim Gang durch die Fußgängerzone in der Stadt auf Bordsteinkanten balanciert oder von den Stufen einer Mauer springt.

- Bieten Sie Ihrem Kind, wenn es danach verlangt, Sicherheit beim Klettern, Balancieren etc. Drängen Sie sich aber nicht auf!

- Beobachten Sie, was Ihr Kind auf dem Spielplatz oder beim Spielen mit anderen nicht so gerne ausprobiert, was es be-

wusst vermeidet (z. B. Bewegungsaktivitäten, die mit „Höhe"
zu tun haben, wie Klettern, auf eine Rutsche steigen) und
versuchen Sie, die Gründe dafür herauszufinden.

- Zeigen Sie Ihrem Kind Ihre eigene Bewegungsfreude beim
  gemeinsamen Spiel, davon lässt es sich gerne anstecken.
- Zwingen Sie Ihr Kind grundsätzlich zu keiner Bewegungsaktivität! Das würde mehr schaden als nutzen.

6. Was bewegt die Fantasie – kreative Spielideen mit Alltagsgegenständen

Was Kinder bewegt, bewegt meist auch ihre Fantasie. Kaum ein Gegenstand aus dem Alltag kann nicht auch zum Spielobjekt umfunktioniert werden. Nicht alles ist jedoch für sinnvolles, weitgehend gefahrloses Spielen geeignet. Manchmal muss der Weg zum kreativen Spielen auch erst durch Beispiele demonstriert werden.

Die in den folgenden Kapiteln beschriebenen Spiele sind mit wenig Aufwand durchführbar. Sie benötigen kein speziell zu beschaffendes Material; gespielt wird mit allem, was der Haushalt hergibt: mit Besen und Schrubber, Staublappen und Wäscheklammern, Regenschirm und Pappkartons, Zeitungen und Bierdeckeln. Natürlich ist hier Fantasie gefragt, denn einem Schrubber sieht man nun wahrlich nicht an, welche abenteuerlichen Dinge man mit ihm unternehmen kann. Die Alltagsmaterialien haben gegenüber den üblichen Spielgegenständen oder Bewegungsgeräten gerade den Vorteil, dass sie nicht von vornherein mit bestimmten Bedeutungen besetzt sind: Das Springseil erinnert unmittelbar ans Seilspringen, die Rollschuhe wollen eben zum Rollschuhlaufen benutzt werden. Ein Pappkarton aber kann mal zum Verstecken, mal zum Tunnelbau oder für Hüpfspiele verwendet werden.

Wie schnell liegt dagegen fertiges, gekauftes Spielzeug in der Ecke. Oft dient es nur einem Verwendungszweck und verleitet eher zu passiver Konsumhaltung. Wenn das Kind anfängt, damit zu experimentieren, das ferngesteuerte Auto z. B. als Lastwagen für den Transport von Bausteinen gebraucht, beschweren sich die Eltern: „Dafür ist das teure Auto doch sicher nicht gemacht, pass auf, dass es nicht kaputt geht." Zweckentfremdung stößt auf Unverständnis, fantasievolle Nutzung birgt das Risiko der Zerstörung.

Dies kann mit den Alltagsmaterialien, die für die folgenden Spielideen benötigt werden, kaum passieren: Ist der Bierdeckel vom vielen Spielen zerrissen, kann schnell ein neuer besorgt werden, und der als Haus genutzte Karton wird besonders pfleglich behandelt, weil die Kinder wissen, wie viel Mühe es bereitete, ihn zu bemalen und die Öffnungen für Fenster und Türen auszuschneiden.

Neben der Fantasie und der Kreativität wecken die Spielideen die Experimentier- und Spielfreude der Kinder, sie fordern zur selbstständigen Bewältigung von Bewegungsaufgaben heraus, fördern die motorische Geschicklichkeit und sprechen alle Sinne an.

Insbesondere sollen sie jedoch dazu beitragen, das Vertrauen in die eigenen Fähigkeiten zu stärken.

Brettspiele mit Bewegung

Material: großes Blatt Papier oder Pappe, Spielsteine, Würfel

Auf einem großen Blatt Papier wird ein Spielplan aufgezeichnet (z. B. wie beim „Mensch ärgere dich nicht"-Spiel). Einige Felder sind mit Zahlen oder Farben versehen. Für diese Aktionsfelder gibt es Anweisungen, was man tun muss, wenn man auf das Feld kommt: Wo man sonst normalerweise einmal aussetzen oder wieder ganz von vorne anfangen muss, heißt es hier, einige Bewegungsaufgaben auszuführen, z. B.
– 10-mal auf der Stelle hopsen,
– 5-mal wie ein Frosch durchs Zimmer hüpfen,
– 5 Sekunden lang mit geschlossenen Augen auf einem Bein stehen,

– einmal schnell um den Tisch herum laufen,
– auf den Stuhl klettern und runterspringen.

Die Bewegungsideen können auf die Felder im Spielplan eingetragen oder aber auf kleine Kärtchen geschrieben werden. Letzteres hat den Vorteil, dass Sie und die Kinder sich bei jedem Spiel neue Variationen ausdenken und sie der jeweiligen Situation anpassen können (… wenn Oma mitspielt, … wenn das Spiel auf der Wiese durchgeführt wird usw.).

Pappscheiben-Balancespiele

Das Spiel mit Bierdeckeln spricht insbesondere die feinmotorische Geschicklichkeit, aber auch das Gleichgewicht und Reaktionsvermögen an.

Die Scheiben aus Pappe sind eher unauffällige, platzsparende, lautlose Materialien, deren vielseitiger Verwendungszweck sich allerdings oft erst im Laufe des Spielens zeigt. Hier ist das Zusammenspiel von Eltern und Kindern besonders gefragt, weil dabei neue Verwendungsmöglichkeiten eröffnet werden, die die eigene Fantasie herausfordern.

Rollende Scheiben

Runde Bierdeckel werden auf den Kanten über den Boden gerollt. Auch hiermit kann man ein Spiel in kleiner oder großer Runde veranstalten: Schafft es die rollende Scheibe, bis zu einem anderen Mitspieler zu gelangen, ohne dass sie umfällt? Wie muss man sie anstoßen, damit sie auf der Kante rollt?

Natürlich kann man die Scheiben auch auf einem Tisch rollen lassen.

Balancieren

Die Pappscheiben sollen auf verschiedenen Körperteilen balanciert werden: Auf den Handrücken, den Unterarmen, der Fingerkuppe, auf einem Fuß, den Schultern oder dem Kopf. Von welchen Körperteilen fallen sie gleich herunter, auf welchen bleiben sie gut liegen?

Vielleicht lassen sich auch zwei Scheiben gleichzeitig auf zwei Körperteilen balancieren. Besonders schwer ist es, sich mit den Bierdeckeln fortzubewegen ...

Inselhüpfen

Viele Bierdeckel liegen im Raum verteilt auf dem Boden. Sie stellen Inseln in einem großen Meer dar, über die alle Mitspieler zu gehen versuchen. Es gilt, vorsichtig von einer Insel zur anderen zu balancieren und den Abstand vorher genau abzuschätzen. Einmal danebentreten heißt, im Wasser zu landen. Wer schafft es, das Meer trockenen Fußes zu durchqueren?

Auch jüngere Mitspieler können von Insel zu Insel hüpfen, wobei in diesem Falle keine Begrenzung der Fläche gelten sollte. Für die jüngeren Inselhüpfer stehen die verschiedenen Fortbewegungsformen im Mittelpunkt.

Schlittschuhlaufen

Der glatte Parkettboden im Wohnzimmer oder die Steinfliesen im Flur werden zur Schlittschuhbahn umfunktioniert. Jeder Mitspieler hat zwei Bierdeckel als Schlittschuhe und gleitet auf ihnen über die Eisfläche. Wenn dazu eine schwungvolle Musik ertönt, kann man sogar auf den Schlittschuhen tanzen.

Entspannungsspiel: Bierdeckeldecke

Das Kind liegt auf dem Boden (auf einer Decke oder einem Teppich), Sie (oder die Mitspieler) decken es leise und vorsichtig mit Bierdeckeln zu. Auch auf die Augen kommen zwei Bierdeckel, so dass es nichts mehr sehen kann. Abschließend darf das Kind wählen, ob es behutsam wieder abgedeckt werden möchte oder ob es mit einem Ruck alle Bierdeckel abschütteln will.

Bauen und legen

Mit den Bierdeckeln kann man kleine und große Figuren auf den Boden legen. Diese Figuren können auch verschiedene Positionen einnehmen. Gelingt es den Mitspielern, diese Positionen mit ihrem Körper darzustellen?

Balancierteller

Neben den Bierdeckeln braucht man für dieses Spiel mehrere kleinere Gegenstände, z. B. Radiergummis, Wäscheklammern, Sandsäckchen, eventuell. auch Tischtennisbälle. Sie sollen auf dem waagerecht gehaltenen Bierdeckel balanciert werden.

So kann man z. B. „eine Portion Wäscheklammern" bestellen. Die Kinder sind die Oberkellner, die alles auf den kleinen Tabletts servieren müssen.

Besen – zum Reiten und Tanzen

Als Material werden Besen (Schrubber oder Kehrbesen) benötigt, gut geeignet sind auch kleine Kinderbesen. Für jüngere Kinder können Stäbe aus Zeitungspapier erstellt werden: Mehrere Zeitungsblätter werden aufgerollt, so dass ein fester, aber

leichter Stab entsteht, der für die kleineren Kinder eher hand-
habbar ist als ein Besen. Gefragt sind bei diesen Spielen motorische Geschicklichkeit, Gleichgewicht und Reaktionsvermö-

gen, aber natürlich auch Fantasie und Einfallsreichtum, denn wenn der Besen einmal verhext ist, will er bestimmt nicht mehr einfach nur fegen und schrubben. Und so einer Hexe fällt allerhand Unsinn ein!

Hexenbesen

Der Besen wird zwischen den Oberschenkeln eingeklemmt, der Stiel mit den Händen festgehalten: So kann man als Hexe durch den Raum reiten. Machen mehrere Mitspieler mit, können sie versuchen, sich gegenseitig zu fangen.

Hexentanz

Zu einer fetzigen Musik wird ein Hexentanz veranstaltet. Dabei reiten alle Mitspieler auf dem Besen, drehen sich im Kreis, hüpfen und springen durch den Raum.

Hexentor

Zwei Besen werden mit den Stabenden aneinandergestellt. So entsteht ein Tor, durch das man hindurchrutschen oder -kriechen kann (ohne dass das Tor umfällt). Einige ganz geschickte Hexen schaffen es auch, mit ihrem Besen durch das Tor zu reiten.

Hexengymnastik

Um sich fit zu halten, machen die Hexen jeden Morgen mit ihrem Besen Gymnastik: Hierfür legen sie jeweils einen Besen über die Sitzflächen von zwei Stühlen; dann kriechen sie unter ihnen hindurch oder steigen darüber. Für jüngere Kinder sollte die Höhe zum Übersteigen des Hexenbesens variieren.

Stabweitsprung

Einige Hexen sind ganz schön sportlich und üben sich im Stabweitsprung. Der Besenstiel wird mit beiden Händen gefasst und als Stütze für einen Sprung über eine Fußmatte oder Ähnliches benutzt.

Balancierbesen

Der Besen wird auf den Boden gelegt, so dass man darüber balancieren kann. Eventuell können auch mehrere Besen aneinanderliegen oder sich kreuzen, die Balancierwege können dann von mehreren Kindern gleichzeitig genutzt werden. Jüngere Kinder, die noch nicht laufen bzw. balancieren können, dürfen durchaus an dem Hexenbesen entlangkrabbeln und den Besen mit den Händen entlangtasten (dieses Spiel ist auch im Freien auf einer Wiese durchführbar).

Schrubberhockey

Der Besenstiel wird als Hockeyschläger benutzt, mit dem ein Ball über den Boden gerollt wird. Man kann auch ein richtiges Hockeyspiel daraus machen: Als Tor dient ein aufrecht stehender Karton oder ein am Boden liegender Stuhl.

Schirme – zum Laufen und Fliegen

Sie stehen an der Bushaltestelle und warten mit Ihren Kindern auf den Bus. Dieser hat Verspätung und das Warten ist langweilig. Glücklicherweise haben Sie aber einen Regenschirm dabei. Mit dem kann man sich die Zeit verkürzen.

Natürlich können Sie auch zu Hause den Regenschirm als Spielgerät einsetzen. Hierfür sind dann am besten ausrangierte Schirme geeignet.

Schirmumlaufen

Das Kind hält den auf dem Boden aufrecht stehenden Regenschirm, lässt ihn los und läuft schnell um ihn herum. Schafft es eine ganze Umrundung, bevor der Schirm zu Boden fällt?

Schirmpendel

Sie und Ihr Kind stehen voreinander, den Schirm stützen Sie zwischen sich mit der Spitze auf den Boden. Jetzt lassen Sie ihn los und kippen ihn mit dem Griff zu Ihrem Kind. Es fängt ihn auf und kippt ihn wieder zu ihnen. So pendelt der Schirm hin und her. An dem Pendel können sich auch mehrere Mitspieler beteiligen.

Auf Krücken gehen

Das Kind benutzt den Regenschirm als Krückstock. Es stützt sich darauf und hüpft auf einem Bein. Wenn es zwei Regenschirme zur Verfügung hat, kann es sich auch fortbewegen, ohne ein Bein aufzusetzen.

Hockeyschläger

Einen alten Regenschirm (dessen unteres Ende nicht zu spitz sein sollte) kann man umdrehen und den Griff als Hockeyschläger benutzen. Damit wird ein Ball, eine Streichholzschachtel oder eine Murmel über den Boden gerollt.

Windfang

Mit einem aufgespannten Regenschirm laufen: Dabei den Wind von sich wegdrücken oder – wenn man den Schirm hinter sich hält – einfangen. Am besten geht dies natürlich draußen bei richtigem Wind- und Regenwetter.

Teppiche – zum Rutschen und Gleiten

Aus Teppichresten können Sie quadratische oder rechteckige Stücke schneiden, möglichst alle in einer Größe (ca. 40 x 40 cm), damit sie auch übereinander passen oder man sie zu Hüpfkästchen aneinanderlegen kann. Diese Teppichfliesen sind nicht nur eine warme Unterlage beim Sitzen, sie eignen sich auch für bewegungsreiche Spiele.

Das Material und die folgenden Spielideen sind für Kinder aller Altersgruppen geeignet; selbst Krabbelkinder können mitmachen, wenn sie um oder über die Teppichfliesen krabbeln.

Bohnermaschinen

Jeder Mitspieler hat zwei Teppichfliesen. Sie werden mit der flauschigen Seite nach unten gelegt, so dass man auf einem glatten Boden (Steinfliesen, Holz oder Kunststoff) damit schlittern kann. Ganz nebenbei wird hier der Boden sogar noch glänzend gebohnert!

Roller fahren

Mit einem Fuß auf einer Teppichfliese stehen und sich mit dem anderen Fuß vom Boden abstoßen, so dass man vorwärts rutscht wie beim Rollerfahren.

Weit-Sprünge

Die Fliesen werden in unterschiedlichem Abstand mit der rutschfesten Seite nach unten auf den Boden gelegt. Nun gilt es, von einer Fliese zur anderen zu gehen, zu springen, einbeinig oder beidbeinig, oder die Fliesen mit Froschhüpfern (Hände vorstützen, Füße springen nach) zu überqueren.

Labyrinth

Mehrere Teppichfliesen werden zu einer langen Reihe hintereinander gelegt, dabei zweigen einige kürzere „Seitenstraßen"
nach rechts und links ab. Am Ende einer „Straße" liegt eine Rassel oder ein Glöckchen. Auf allen Vieren und mit geschlossenen
Augen soll ein Mitspieler die Straßen ertasten und den Weg zu
dem Glöckchen finden. Die jüngeren Kinder können versuchen, mit geöffneten Augen das Ziel zu erreichen.

Klammern – zum Greifen und Stecken

Mit Wäscheklammern kann man nicht nur Wäsche klammern.
Es lassen sich daraus auch Indianerkostüme herstellen, man
kann Fangen und Verstecken mit ihnen spielen und sich mit einem Partner „verklammern". Um die Klammer aufzukriegen,
braucht man viel Kraft in den Fingern, um sie anzustecken,
muss man seine Bewegungen gut steuern und dosieren können.

Der Pinzettengriff (das Greifen mit Daumen und Zeigefin-
ger) wird ebenso geübt wie die feinmotorische Geschicklichkeit. Die folgenden Spielideen fördern aber darüber hinaus
auch die Körperwahrnehmung, die taktile Wahrnehmung und
die Auge-Hand-Koordination.

Wegen der feinmotorischen Anforderungen sind die Spiele
mit Wäscheklammern eher für Kinder ab ca. zweieinhalb Jahren geeignet. Kleinere Kinder nutzen sie aber auch gern zum
Sortieren nach Farben oder Formen.

Klammertanz

Für alle Mitspieler sind mindestens zehn Wäscheklammern
vorhanden. Sie heften sich die Klammern locker an die Kleidung und versuchen, sie durch Schütteln und wildes Tanzen
wieder loszuwerden.

Klammerklau

Jeder Mitspieler hat einige Wäscheklammern, die er an seiner Kleidung befestigt. Er kann sich aber noch Klammern bei anderen Mitspielern „klauen", indem er sie einfach von deren Kleidung abzieht und dann bei sich selbst anheftet. Natürlich wird auch er von den anderen „beklaut", denn auch sie wollen weitere Klammern für ihre Kleidung haben.

Klammern anstecken

Jeder versucht, seine Klammern so schnell wie möglich bei den anderen Kindern loszuwerden, indem er sie ihnen an die Kleidung heftet. Gleichzeitig muss er aber den anderen ausweichen, die ja auch ihre Klammern anstecken wollen.

Wo steckt die Klammer?

Ein Kind sitzt oder liegt mit geschlossenen Augen auf dem Boden. Ein anderes heftet vorsichtig eine Wäscheklammer an seine Kleidung. Es soll nun das Körperteil benennen, an das die Wäscheklammer gesteckt wurde.

Klammern, ohne aufzuwecken

Vielleicht schafft es der Partner, die Klammern so behutsam zu befestigen, dass das „schlafende" Kind nichts davon merkt? Wenn es das Anklammern spürt, nennt es das Körperteil, an dem die Klammer gerade befestigt wurde. Bei richtiger Antwort werden die Rollen getauscht.

Siamesische Zwillinge

Zwei Mitspieler heften sich an den Kleidern auf einer Seite mit mehreren Klammern zusammen. Nun versuchen sie, so vorsichtig zu gehen, dass keine Klammer abfällt. (Eventuell können sie dabei kleine Hindernisse – ein Kissen o.ä. – übersteigen.)

Wäscheklammern aufspüren

Auf dem Boden liegen mehrere Wäscheklammern verstreut. Ein Kind soll mit geschlossenen Augen möglichst viele Klammern aufspüren. Hierbei können die Kinder über den Boden krabbeln. Auch die Kleinen können bei diesem Spiel mitmachen, indem sie die Klammern mit geöffneten Augen einsammeln und ggf. nach Farben sortieren.

Klammerketten

Mehrere Wäscheklammern werden aneinandergeklammert, so dass eine lange Kette oder ein Kranz entsteht. Kleinere Kränze werden als Kopfschmuck getragen, längere Ketten kann man sich um den Hals hängen.

„Wäsche" aufhängen

Heute wird die Zeitung „gewaschen". Mit Wäscheklammern werden die Zeitungsblätter an die Wäscheleine geheftet.

Heißer Fladen

In jeder Hand hat das Kind eine Wäscheklammer. Es greift damit ein Zeitungsblatt (einen heißen Fladen) und transportiert es vorsichtig zu einem anderen Mitspieler, der es wiederum mit zwei Klammern annimmt.

Rollen – zum Bauen und Balancieren

Die Papprollen von Küchenpapier, Geschenkpapier oder Toilettenpapier eignen sich für vielfältige Spiele: Bauen, Konstruieren, Balancieren, Kugelbahnen oder ein Fernrohr daraus herstellen. Kombiniert mit Alltagsmaterialien (Bierdeckeln, Papptellern etc.) kann man mit ihnen wahre Kunstwerke schaffen. Aus einfachsten Abfallprodukten werden so die schönsten Bau- und Bewegungsgeräte.

Oberkellnertraining

Die Pappröllen werden auf der Handfläche (innen, außen) transportiert – das ist das Training der zukünftigen Oberkellner. Bestellen Sie bei Ihrem Kind eine Portion Eis oder zwei Flaschen Limonade. Entsprechend viele Rollen wird es jeweils balancieren.

Manchmal müssen die Oberkellner auch Hindernisse überwinden, bis sie zu ihrem Gast gelangen (über einen Pappkarton steigen, um einen Stuhl herumgehen).

Fernrohr

Eine Pappröhre wird als Fernrohr ans Auge gehalten. So kann man Ausschnitte aus der Umwelt viel genauer betrachten als mit dem bloßen Auge: Ein Wurm oder ein Käfer werden in ihren Bewegungen verfolgt.

Bälle auffangen

Ein Tischtennisball oder eine Murmel werden in die senkrecht gehaltene Röhre fallen gelassen und sollen schnell wieder aufgefangen werden. Je länger das Rohr ist, umso leichter fällt die Aufgabe. Die Kinder können experimentieren, bei welchen

Rollen-Durchmessern und welchen Gegenständen das Auffangen leichter oder schwerer wird. Das Spielen mit Murmeln sollte bei den jüngeren Kindern vermieden werden, da sie die Murmeln verschlucken könnten.

Slalomlauf

Viele Papprollen werden aufrecht auf den Boden gestellt. Dazwischen muss jeweils so viel Platz sein, dass man gerade noch daran vorbeilaufen kann. Nun gilt es, im Slalom um die Rollen herumzulaufen, ohne dass sie berührt werden und umfallen.

Sollte dann doch einmal eine Rolle umfallen, muss sie mit den Füßen wieder aufgerichtet werden. Für die jüngeren Kinder kann der Abstand zwischen den Rollen vergrößert werden.

Kegelbahn

Mehrere Papprollen stehen in einer Reihe nebeneinander. Mit einem Ball wird nun aus selbstgewähltem Abstand versucht, einige der Papprollen umzuwerfen. Abschließend wird ein gemeinsamer Abstand für alle Mitspieler festgelegt. Wenn die mitspielenden Kinder unterschiedlich alt sind, kann auch jeder eine eigene Abwurfmarke bekommen: für jedes Lebensjahr wird ihm eine Schrittlänge Abstand gewährt.

Kunstwerke bauen

Mit Bierdeckeln, Папptellern und Papprollen kann man Türme, Brücken, Häuser oder sogar richtige Kunstwerke bauen.

Kartons – zum Suchen und Verstecken

Kartons und Pappschachteln in jeder Größe sind für Kinder hervorragende Bau-, Spiel- und Bewegungsmaterialien. Auch kleinere Kinder können sie transportieren, umstellen, sich mit und in ihnen fortbewegen. Aus großen Kartons (von Waschmaschinen, Fernsehgeräten oder Umzugskartons) entstehen Häuser, Schiffe, Tunnel, Roboter oder sie werden einfach nur als Ort des Rückzugs genutzt. Kleinere Schachteln werden zu Bausteinen, Fußbekleidungen oder Spielfeldbegrenzungen. Kartons fordern zu Rollen- und Darstellungsspielen heraus: Die Umzugskiste wird zum Fernsehgerät, zum Kriechtunnel oder zum Boot.

Also: Pappkartons und Kisten – zum Wegwerfen viel zu schade!

Grüße von Herrn Karton

Große Kartons eignen sich zum Hausbauen und für Rollenspiele. In einem Karton wohnt z. B. Frau Schachtel, in dem anderen Herr Karton. Beide können sich durch Sehschlitze grüßen oder durch Klopfzeichen verständigen.

Wem gehört das Bein?

In einen großen Karton werden mehrere Löcher geschnitten (so groß, dass man einen Fuß oder eine Hand hindurchstecken kann). Der Boden wird herausgeschnitten, so dass zwei Kinder unter dem Karton sitzen können. Sie strecken nun im Wechsel mal ein Bein, mal einen Arm aus dem Karton. Die außenstehenden Mitspieler sollen raten, wem das Körperteil gehört.

Bootswanderung

Jeder Mitspieler hat zwei „Boote", also kleinere Schachteln, in die gerade nur seine Füße passen. Er soll damit einen „Fluss" überqueren. In einer Schachtel steht er, die andere nimmt er und stellt sie vor sich auf, steigt in sie hinein, nimmt wiederum die hintere Schachtel und stellt sie vor sich – so lange, bis er den Raum durchquert hat. Jüngere Kinder können mit den Füßen in den Schachteln über den Boden schlittern.

Tunnelbau

Von mehreren größeren Kartons werden die Böden und Deckel entfernt. Hintereinandergestellt ergeben sie einen langen Tunnel, durch den man hindurchlaufen, -kriechen und -rutschen kann.

Fernseh-Karton

Aus einem großen Karton wird an einer Seite eine Öffnung herausgeschnitten. Sie ist der Bildschirm, durch den ein Kind – im
Karton sitzend – die Tagesschau sprechen, das Wetter vorhersa-
gen oder eine Talkshow „moderieren" kann. Eltern und Kinder
sitzen vor dem „Bildschirm" und schalten bei Bedarf auf ein
anderes Programm um. Ein Holzklotz dient dabei als Fernbe-
dienung, das Kind im Karton darf dann entscheiden, welche
Sendung gerade läuft.

Hindernisbahn

Mit Schuhkartons wird ein Hindernisparcours aufgebaut. Regen Sie Ihr Kind dazu an, mit Ihnen oder alleine über die Hindernisse zu hüpfen, zu klettern oder wie ein Auto im Slalom
drum herum zu fahren. Wer sich lieber in ein Tier verwandeln
möchte, der kann ein Pferd sein und über die Hürden springen.

7. Die „Sinnesschule"

Kinder stark machen für das Leben heißt auch, ihre Sinne
schärfen, ihre Wahrnehmung verfeinern, ihre Sinnlichkeit akzeptieren. Kinder lieben die „Schule der Sinne", weil hier ihr
ganzer Körper beteiligt ist, weil sie mit Vergnügen lauschen,
schnuppern, rätseln, fühlen, greifen, schaukeln und sich bewegen dürfen. In der „Schule der Sinne" wird mit Begeisterung
gelernt, aber auch gelacht, gestaunt und getrödelt. Kein Noten-
zwang, kein Zeitdruck und keine Konkurrenz. Fehler gibt es
nicht, allenfalls Umwege auf dem Weg des Erkennens. Die
„Schule der Sinne" ist nicht allein für Kinder da, sie ist auch ein
Ort, wo Kinder und Eltern gemeinsam entdecken, spielen und
sich messen können.

Eine „Schule der Sinne" können Sie auch zu Hause eröffnen,
sozusagen eine Privatschule. Wenn sich herumspricht, wie
interessant es dort zugeht, können Sie sich vor Besuchern womöglich kaum mehr retten.

Bei den folgenden Spielangeboten steht jeweils ein Sinnes-
bereich im Vordergrund – damit soll die Besonderheit des be-
treffenden Sinnessystems hervorgehoben und seine Bedeutung
bewusst gemacht werden. Im richtigen Leben ist das natürlich
ein wenig anders: Hier sind wir immer mehreren Sinneseindrü-
cken ausgesetzt und merken oft gar nicht, worauf wir uns gerade konzentrieren müssen.

So strömen z. B. in einem Kaufhaus eine Vielzahl verschiedener Reize gleichzeitig auf uns ein: Wir hören Musik und
Durchsagen aus einem Lautsprecher, gemischt mit dem Stim-
mengewirr der uns umgebenden Menschen, wir registrieren

die bunte ausgestellte Ware, nehmen die verschiedensten Düfte und Gerüche wahr, bewegen uns auf einer Rolltreppe von einem Stockwerk zum anderen, laufen Treppen hinunter, steigen Stufen hinauf. Selbst für uns Erwachsene ist ein solcher Besuch eines Kaufhauses sehr anstrengend, weil so viele Informationen gleichzeitig verarbeitet werden müssen. Für Kinder unter drei ist es besonders schwer, dass sie die Vielzahl der Eindrücke meist nur passiv wahrnehmen dürfen: So viele interessante Dinge, und nichts davon darf man anfassen!

Auch die Alltagswelt gleicht manchmal der Situation in einem Kaufhaus, und so kann es für Kinder (und oft auch für Erwachsene) sehr wohltuend und erleichternd sein, wenn sie nicht einer Vielzahl von Reizen gleichzeitig ausgeliefert sind, sondern sich auf einzelne Sinneseindrücke konzentrieren können.

Die „Sinnesschule" beginnt im Folgenden mit Spielen, die Kinder auf die Dinge der Umwelt, auf die anderen (Mitspieler) und sich selbst aufmerksam machen. Sie wird fortgesetzt durch Spielideen, bei denen einzelne Sinne ausgeschaltet werden, um deren Dominanz über andere Sinnesbereiche auszuschließen und diese dadurch überhaupt zur Geltung kommen zu lassen. Die Reize werden differenziert und dosiert angeboten, damit Kinder die Ordnung und Struktur selbst erkennen können.

Bei den Praxisbeispielen geht es natürlich nicht darum, einzelne Sinne zu trainieren. Die Sinnesorgane selbst lassen sich gar nicht verändern oder korrigieren, wohl aber die Sensibilität ihrer Wahrnehmung.

Wahrnehmungsförderung sollte bei Kindern immer eingebunden sein in Spielsituationen. Sie sollte Bezüge zur Vorstellungswelt der Kinder haben und selbstständiges, aktives Handeln ermöglichen. So können sie quasi „spielend" Erfahrungen sammeln und die für eine harmonische, ganzheitliche Entwicklung notwendigen Fähigkeiten erwerben.

Wer sich näher mit der Bedeutung und der Funktion der Sinne beschäftigen und sich darüber informieren will, dem sei die Lektüre des „Handbuchs der Sinneswahrnehmung" (Zimmer 2009 a) empfohlen.

Alles im Blick: Sehspiele

Mit den Augen nehmen wir die meisten Eindrücke aus der Umwelt wahr (ca. 60 Prozent aller Informationen). Sie sind auch an anderen Sinnesempfindungen mitbeteiligt. So ist z. B. das Sehen eng mit dem Greifen verbunden (man spricht hier von der „Auge-Hand-Koordination"), und auch das Gleichgewicht ist von der visuellen Kontrolle abhängig. Es ist beispielsweise viel schwieriger, mit geschlossenen Augen als sehend zu balancieren. Obwohl die Augen zu den wichtigsten Erkenntnisquellen gehören, behindern sie die anderen Sinnessysteme manchmal geradezu, indem sie sie gar nicht zum Zuge kommen lassen. Wir Erwachsenen müssen z. B. einen Stoff in der Textilabteilung eines Kaufhauses nicht berühren, um zu wissen, mit welchem Material wir es zu tun haben. Wir sehen bereits, dass es sich z. B. um Samt handelt und wissen, dass dieser sich weich anfühlt. Kinder müssen solche inneren Bilder von der Welt erst einmal aufbauen, die Informationen über die Augen reichen ihnen dabei nicht aus.

Andererseits ist der Sehsinn heute im Alltag einer Dauerbelastung ausgesetzt. Elektronische Medien, Computerspiele und Fernsehen setzen die Kinder einer Dauerberieselung mit optischen Reizen aus. Lichtreklamen und bunte Werbeschilder überschütten geradezu das visuelle Wahrnehmungssystem und lassen den Kindern kaum mehr Zeit zum Hinschauen oder genauen Beobachten und Betrachten. Durch das Fernsehen sind sie eine schnelle Bildfolge gewöhnt, dazwischen haben sie kaum Zeit zum Verarbeiten der Eindrücke. Zwar erlernen Kinder, sich schnell auf Wechsel der Inhalte und Bildszenen einzustellen, verloren geht ihnen jedoch die Fähigkeit, sich längere Zeit auf eine Sache zu konzentrieren, sich mit ihr auseinanderzusetzen, um Zusammenhänge zu erkennen.

Das Sehen kann geübt werden, im Sinne eines genauen Hinschauens, Beobachtens, Vergleichens, Abwägens. Das Kind muss lernen, wichtige optische Reize von unwichtigen zu unterscheiden, sich nicht von allen Eindrücken überfordern zu lassen, sondern aus der unübersichtlichen Flut eine Auswahl zu treffen. Manchmal gelingt dies Kindern sehr gut: Wie schnell finden sie oft gerade das, was sie gar nicht sehen sollten – ein Geschenk, das versteckt worden ist, die Tafel Schokolade, die sie doch erst später erhalten sollten.

Viele Leistungen des Sehsystems sind angeboren. So kann das Neugeborene bereits im Abstand von 20 Zentimetern scharf sehen und Blickkontakt halten, es kann die Bewegungen anderer Menschen verfolgen und Gegenstände unterscheiden. Diese angeborenen Fähigkeiten werden durch Reifungsprozesse, insbesondere aber durch Übung verfeinert und ausdifferenziert.

Die Auge-Hand-Koordination funktioniert z. B. zwar schon ab dem dritten Lebensmonat, wenn das Baby nach Gegenständen zu greifen versucht. Sie bedarf jedoch der ständigen Übung. Mit zunehmendem Alter sind dann zielgerichtete Bewegungen wie das Werfen eines Balles auf ein Ziel von der Auge-Hand-Koordination abhängig.

Strukturierung der Reizvielfalt

Auch im Alltagsleben in der Familie kann die Vielfalt der optischen Eindrücke reduziert und strukturiert werden: Dazu gehört z. B.

- den Fernseher nicht permanent laufen zu lassen, sondern nur dann einzuschalten, wenn eine bestimmte Sendung auch angeschaut wird;
- das Kinderzimmer nicht mit bunten Tapeten zu überladen, mit Mobiles und Bildern voll zu hängen, sondern sich auf weniges zu beschränken. Das bunte Nebeneinander an Formen, Farben, Figuren und sich bewegenden Mobiles hindert ein Kind oft daran, sich mit seinen Blicken ruhig auf etwas einzulassen, sich zu konzentrieren.

Neben der Auge-Hand-Koordination umfasst die visuelle Wahrnehmung weitere Bereiche wie z. B. die Figur-Grund-Wahrnehmung, die Wahrnehmung von Formen und Farben und das visuelle Gedächtnis. Wichtig ist vor allem die Figur-Grund-Wahrnehmung: Aus der Vielzahl der auf das Auge einströmenden Reize werden diejenigen ausgewählt, die unsere Aufmerksamkeit erregen. Die ausgewählten Reize bilden die „Figur", die anderen – unwichtigen Reize – bilden den nur ungenau wahrgenommenen Hintergrund. Das Zentrum der Aufmerksamkeit richtet sich auf die sogenannte Figur. Gelingt diese Unterscheidung in wichtige und unwichtige Reize nicht, treten Unkonzentriertheit und Unaufmerksamkeit auf.

Spielideen zur Förderung der visuellen Wahrnehmung

Sternschnuppen fangen

In einem dunklen Raum werden mit Hilfe einer Taschenlampe Sternschnuppen an die Decke und Wände projiziert. Zunächst einmal versuchen alle, sie nur mit den Augen zu verfolgen: Die Sternschnuppen tauchen plötzlich auf und verschwinden wieder, dann sind sie wieder an einer ganz anderen Stelle zu sehen.

Wenn mehrere Mitspieler eine Taschenlampe haben, kann man auch ein Fangspiel daraus machen: Der Lichtkegel einer großen Taschenlampe soll von einer oder mehreren kleinen Taschenlampen eingeholt werden. Jetzt sausen ganz viele Sternschnuppen an der Decke und an den Wänden entlang und versuchen, die große Sternschnuppe zu treffen.

Blitzlicht

Ein Mitspieler beleuchtet mit seiner Taschenlampe nur ganz kurz einen Gegenstand im Raum. Wie ein Blitzlicht wird plötzlich die Wanduhr oder eine Topfpflanze erhellt. Die anderen Mitspieler sollen beschreiben, was sie gesehen haben, welche Form und Farbe der Gegenstand hatte, um welchen Gegenstand es sich handelt.

Fernrohre

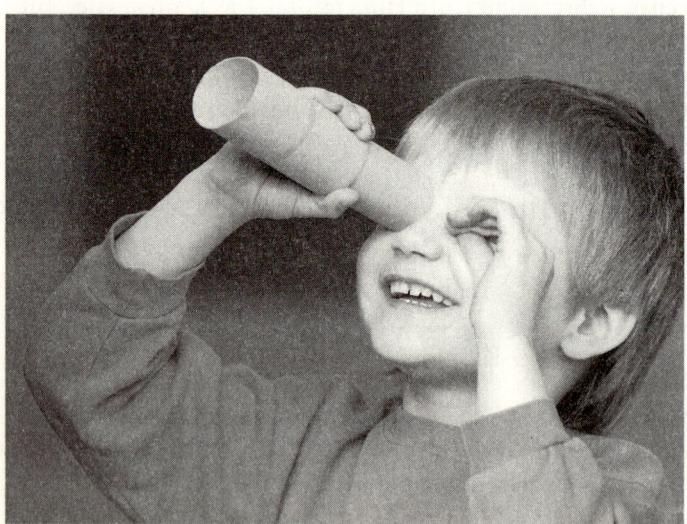

Zwei Toilettenpapierrollen werden aneinandergeklebt. Sie ergeben ein Fernglas, mit dem man auf „Blickfang" gehen kann. Noch einfacher ist ein Fernrohr herzustellen: Mit einer Küchenpapierrolle kann man einen Ausschnitt aus der Welt näher beobachten. Das Drumherum verschwindet, man sieht nur noch Blätter, Gräser oder ein Menschengesicht – eben das, worauf man das Fernrohr richtet.

Das Äußere verändern

Das Kind schließt die Augen. Sie verändern irgendetwas an Ihrem Äußeren, ziehen die Strickjacke falsch herum an, ziehen einen Schuh aus, einen Handschuh an (die Schwierigkeit der Aufgabe kann schrittweise erhöht werden). Was hat sich geändert? Wenn das Kind will, können die Rollen auch getauscht werden. Jetzt darf das Kind etwas an seiner Kleidung austauschen und Sie müssen herausfinden, was es gewesen ist.

Schattenspiele

In einem dunklen Raum richten Sie eine Stehlampe auf eine Wand. Vor dem Scheinwerfer können Sie nun mit den Händen Figuren formen, die als Schatten auf der Wand sichtbar werden (ein Vogel, ein Drache etc.).

Auch Gegenstände können in ihren Umrissen an die Wand projiziert werden. Die Kinder sollen erraten, um was es sich handelt (ein Kamm, eine Klammer, eine Gabel etc.).

Ich seh' etwas, was du nicht siehst

Hier wird die sogenannte „Figur-Grund-Wahrnehmung" geübt: Sie oder eines der Kinder beschreiben einen im Raum befindlichen Gegenstand (er muss sichtbar sein). „Ich sehe was, was du nicht siehst, und das ist blau" (rund, groß ...). Wer als

Erster herausgefunden hat, um welchen Gegenstand es sich handelt, darf bei der nächsten Runde einen neuen Gegenstand auswählen und beschreiben.

Zielwerfen

Zwei Mitspieler halten eine Zeitungsdoppelseite mit beiden Händen senkrecht in die Höhe, ein dritter Mitspieler darf einen Tennisball auf diese Zielscheibe werfen. Vielleicht schafft er es sogar, die Zeitung zu durchlöchern.

Ein Ohrenschmaus: Hörspiele

Lallen, Brabbeln, Glucksen, Plappern – ein Ohrenschmaus ist es für Kleinkinder, wenn sie mit ihrer Stimme experimentieren und allerlei Laute erzeugen, aus reiner Lust an dem Gehörten. Noch beherrschen sie die Sprache nicht, und doch können sie sich ausdrücken. Vor allem haben sie Vergnügen daran, die Möglichkeiten ihrer Stimme zu erkunden, ihren Körper zum „Tönen" zu bringen.

Das Hören ist die Grundlage zum Erlernen der Sprache. Vor dem Sprechen-Können steht das aufmerksame Wahrnehmen, Erkennen und Speichern der Laute, Töne und Geräusche aus der Umwelt.

Bei der Vielfalt an Geräuschen, die uns im Alltag umgeben, wird das Gehör allerdings häufig überstrapaziert. Wir können uns vor der Vielzahl der Reize nicht direkt schützen. Die Ohren kann man eben nicht schließen – so wie man die Augen einfach zumachen kann, um nichts mehr zu sehen.

Allerdings haben wir die Fähigkeit, Reize differenziert wahrzunehmen, also nicht alles „durchzulassen", was auf die Ohren einströmt. Wie beim Sehen wählen wir das aus, was uns bedeutsam erscheint. Eine differenzierte Hörfähigkeit, also das Vermögen, Laute voneinander zu unterscheiden, Schallquellen zu lokalisieren, ihre Richtung zu bestimmen – all dies gehört zur sogenannten „auditiven Wahrnehmung". Diese Fähigkeiten stellen die Voraussetzungen für jede Konzentration dar.

Aufmerksames Hinhören, Zuhören ist die Voraussetzung, um gut sprechen zu lernen und andere zu verstehen. Das Verstehen beinhaltet verschiedene Einzelleistungen: Das Kind muss sich auf das Gehörte konzentrieren können, Wichtiges von Unwichtigem unterscheiden können, es muss die Fähigkeit zur Figur-Grund-Wahrnehmung beherrschen. Ähnlich wie bei der visuellen Wahrnehmung wird hierunter die Fähigkeit verstanden, Reize aus ihrem Hintergrund – den Nebengeräuschen – herauszulösen. Trotz des Lärms in der Umgebung sollte ein Kind z. B. der Stimme der Mutter lauschen können, die eine Geschichte vorliest, oder im allgemeinen Straßenlärm ein hupendes Auto wahrnehmen können. Außerdem ist es wichtig, dass ein Kind eine Geräuschquelle räumlich einordnen kann. Es muss die Richtung erkennen, aus der ein Geräusch oder eine Stimme kommt.

Schließlich müssen Ähnlichkeiten und Unterschiede zwischen Lauten und Tönen erkannt und richtig zugeordnet werden können. Voraussetzung für den Erwerb der Sprache ist z. B., ähnlich klingende Laute wie „d" und „t" oder „g" und „k" voneinander unterscheiden zu können.

Die auditive Wahrnehmung umfasst aber auch das Verstehen und inhaltliche Zuordnen des Gehörten. Das Hupen des Autos im Straßenverkehr muss nicht nur herausgehört, sondern auch in seiner Bedeutung erkannt werden.

Auch Hören kann man lernen und üben: richtig hinhören, sich konzentrieren, lauschen, die Feinheiten der Geräusche, Klänge und Töne unterscheiden.

So kann der Weg vom Hören zur Sprache bereits beim Kleinkind durch vielfältige Spielideen unterstützt werden.

Manchmal ergeben sich solche Spielideen von selbst, etwa beim Erraten von Geräuschen.

Geräusche erraten

Was tut die Mutter gerade in der Küche, während sich das Kind im Nebenzimmer befindet? Den Tisch decken, eine Schublade aufziehen, den Wasserhahn aufdrehen und Wasser laufen lassen, das Papier von einer Keksschachtel entfernen …? Es ist erstaunlich, wie differenziert Kinder Geräusche wahrnehmen, die für sie eine Bedeutung haben: Das knisternde Bonbonpapier hören sie auf Anhieb, und schon sind sie zur Stelle. Wenn die Oma sie aber lauthals zum Rausbringen des Mülleimers auffordert, verstehen sie manchmal kein Wort!

Das Herausfinden von Geräuschen kann man auch zur Spielidee ausweiten. Im Wechsel darf sich jeder eine Handlung aussuchen, die mit Geräuschen verbunden ist: die Seiten eines Buches umblättern, einen Kreisel andrehen, die Tür schließen … Der andere hat die Augen geschlossen und soll erraten, von welcher Tätigkeit das Geräusch kommt.

Die folgenden Spielideen schulen den Hörsinn. Sie haben das Ziel, die Aufmerksamkeit des Kindes auf unterschiedliche Höreindrücke zu lenken. So lernt es Laute und Geräusche zu differenzieren, ihre Bedeutung zu erkennen, aber auch mit der Stimme zu spielen.

Dabei darf aber nicht vergessen werden, dass Kinder immer „sinnlich hören", also nie nur mit dem Ohr, sondern immer mit Leib und Seele. „Der hört die Flöhe husten" sagt man von jemandem, der eine „Antenne" dafür hat, dass sich bald etwas Bedeutsames ereignen wird. Kinder hören schon am Tonfall der Stimme, in welcher Stimmung die Mutter ist. Sie hören aus den Worten das Eigentliche heraus, weil sie die „Zwischentöne" genau wahrnehmen.

Indianerschleichweg

Ganz leise und auf Zehenspitzen bewegen sich alle Mitspieler im Raum – ohne ein Geräusch zu machen. Sie sind eine Indianergruppe, die auf Kriegspfad ist. Wer muss als erster lachen, niesen oder macht ein Geräusch? Wer am längsten durchhält, wird der Indianerhäuptling.

Damit jeder mal Indianerhäuptling werden kann, müssen zunächst einmal alle Indianer in ein Trainingslager:

Indianerhäuptling-Hörtraining

Der Häuptling-Lehrling steht mit geschlossenen Augen in der Mitte des Zimmers. Die anderen Mitspieler stehen um ihn herum und machen im Wechsel verschiedene Geräusche, z. B. pfeifen, klatschen, mit den Fingern schnipsen, stampfen, ein Wort sprechen. Der Lehrling muss mit der Hand in die Richtung zeigen, aus der das Geräusch kam.

Wenn er dreimal richtig geraten hat, kommt ein anderes Kind in die Mitte.

Geräuschdetektiv

Suchen Sie gemeinsam mit den Kindern Gegenstände, mit denen man ganz unterschiedliche Geräusche erzeugen kann: ein Glöckchen, einen Kamm, zwei Holzlöffel, einen Schlüsselbund etc. Ein Kind – der Geräuschdetektiv – soll nun die Augen schließen und erraten, um welchen Gegenstand es sich jeweils handelt. Wenn mehrere Kinder mitspielen, kann man die Geräusche auch hinter einem hochgehaltenen Tuch oder einem aufrecht stehenden Pappkarton erzeugen, so dass alle gleichzeitig raten können.

Wecker suchen

Für dieses Spiel benötigen Sie einen laut tickenden Wecker. Ihr Kind hört sich dieses Geräusch gut an, denn anschließend wird der Wecker im Raum versteckt (in einer Schublade, unter dem Sofa …). Natürlich muss Ihr Kind vorher den Raum verlassen. Nun soll der Wecker allein an seinem Ticken gefunden werden. Hierfür muss man ganz still sein.

Eventuell kann für dieses Spiel auch eine Eieruhr verwendet werden. Sie wird auf eine bestimmte Minutenzahl eingestellt. Hat Ihr Kind die Uhr vor dieser Zeit gefunden, bekommt es einen Punkt. Gibt die Uhr Signal, bevor sie gefunden wurde, hat die Uhr gewonnen!

Telefonleitung

Ein biegsames Plastik-Leerrohr (erhältlich im Baumarkt) kann man als Hörrohr mit „eingebautem Lautsprecher" benutzen: Ein 1 Meter langes Rohrstück wird mit einem Ende an das Ohr gehalten, in das andere kann man sprechen. So kann man mit sich selbst telefonieren, die Stimme hört sich plötzlich ganz laut an. Natürlich kann man auch zu zweit mit dem Rohr telefonieren: der eine spricht, der andere hört. Man kann ihn sogar verstehen, wenn er ganz leise flüstert (Vorsicht, nicht in das Rohr schreien).

Stellen Sie mit Ihren Kindern eine eigene Haus-Telefonleitung her: Mit einem langen Leerrohr kann man sogar von einem Zimmer ins andere „telefonieren".

Hörrohr

Mit einer Papprolle (von Küchenpapier oder von Geschenkpapier) kann man auf „Geräuschefang" gehen: Wenn man die Rolle an eine Geräuschquelle ansetzt und das Ohr auf das andere Ende presst, kann man das Geräusch viel deutlicher hören.

So kann man z. B. den Herzschlag „einfangen", das Brummen des Kühlschranks hören oder ganz leise Musik aus dem Radio verstärken. Beim nächsten Arztbesuch versteht das Kind dann auch, warum dieser ein Stethoskop benutzt, um die Herztöne oder Lungengeräusche zu hören.

Hörrätsel

Das bekannte Spiel „Ich seh' etwas, was du nicht siehst" kann auch in ein Hörrätsel umgewandelt werden: „Ich höre was, was du nicht hörst, und das klingt ganz hell". Der Spielpartner soll herausfinden, um welches Geräusch (das tatsächlich zu hören sein soll) es sich handelt.

Gewitterkonzert

Probieren Sie auf einer Tischplatte Geräusche aus, die bei einem Gewitter zu hören sind: Jeder Mitspieler findet ein neues Geräusch, das er benennt und vormacht:

   Regentropfen (Fingerspitzen klopfen)
   Donner (Fäuste trommeln)
   Platzregen (mit den Handflächen patschen)
   Nieselregen (mit den Fingerkuppen trommeln)
   Hagelschauer (mit den Fingerknöcheln klopfen)
   Blitzeinschlag (mit den Händen und Fäusten auf den Tisch schlagen)

Die anderen Mitspieler übernehmen die Geräusche, und es entsteht ein abwechslungsreiches Gewitterkonzert.

Windgeräusche

Auch mit der eigenen Stimme kann man experimentieren. Finden Sie gemeinsam mit Ihrem Kind Geräusche, die Sie mit der

Stimme nachahmen und verändern können. Wie hört sich z. B. der Wind an (bei einem Sturm, bei Unwetter, wenn er in den Bäumen „pfeift")?

Tierstimmen erraten

Einer der Mitspieler imitiert mit der Stimme ein Tier. Wer es als Erster erraten hat, darf als Nächster eine Tierstimme vormachen: Ein Hund bellt, ein Wolf heult, eine Maus quiekt. Je älter die Kinder sind, umso exotischer werden die Tiere, deren „Sprache" und deren Geräusche sie nachahmen.

Elefantentanzschule

Stimmen Sie sich mit Ihrem Kind auf das Thema ein (Wie groß ist ein Elefant? Wie sieht er aus? Was macht ein Elefant?). Nun beginnt die Musik und die Rüssel (Arme) fangen an, zum Rhythmus zu schwingen, dann setzen die Elefanten langsam einen Fuß vor den anderen. Sie drehen sich im Kreis und lassen ihren Rüssel hin und her pendeln. Alle Bewegungen sind ruhig und bedächtig wie die Elefantenmusik.

Mit den Händen sehen: Tastspiele

„Berühren verboten", „Bitte nicht anfassen" – wenn Kinder ihre Umwelt mit den Händen erkunden, anfassen, durch das Greifen begreifen wollen, dann treffen sie auf Seiten der Erwachsenen oft auf Unverständnis. Im Museum stehen oft Schilder, die ausdrücklich das Berühren der Gegenstände verbieten, aber auf wie viele unsichtbare Verbotsschilder treffen Kinder in ihrem ganz normalen Alltag?

Kinder wollen und müssen die Dinge anfassen und berühren, sie müssen mit ihnen umgehen, sie „handhaben", denn das

ist die ihnen vertrauteste Art, die Dinge kennen zu lernen und sich ihrer Eigenschaften zu vergewissern. Sie „sehen" mit den Händen. Am empfindsamsten sind die Fingerspitzen und die Zungenspitze. Deswegen nehmen Kleinkinder alles in den Mund: Hier können sie es am besten untersuchen.

Die Haut ist das größte Sinnesorgan des Körpers. Sie ist für den Säugling aber auch ein wichtiges Mittel, um Kontakt mit der Umwelt zu halten. Durch die Art, wie er in den Arm genommen, gehalten, gestreichelt und gedrückt wird, spürt er, ob die Person ihm gegenüber liebevoll oder gleichgültig eingestellt ist.

Die taktile Kommunikation ist die erste Sprache des Kindes, auf der die verbale Sprache aufbaut. Der Tastsinn wird daher „die Mutter der Sinne" genannt.

Über den Tastsinn nehmen wir wahr, ob ein Gegenstand rau, weich oder feucht ist, wir können seine Form und seine Größe ertasten, wir fühlen, ob er warm oder kalt ist. Aber nicht nur die Hände, auch die Füße besitzen ein hohes Unterscheidungsvermögen, obwohl sie im Alltag kaum mehr Aufgaben dieser Art übernehmen dürfen.

Ähnlich wie bei der auditiven Wahrnehmung ist auch der Tastsinn dann am feinfühligsten, wenn das Sehen ausgeschaltet wird.

Spielideen zur Förderung des Tastsinns

Blind-Schleichen

Lassen Sie sich von Ihrem Kind einmal mit geschlossenen Augen durch die Wohnung führen. An einem Gegenstand (Stuhl, Wand, Garderobe) angekommen, sollen Sie diesen durch Abtasten erkennen und herausfinden, wo Sie sich befinden. Dann ist das Kind an der Reihe: Führen Sie es an einer Hand und gehen Sie mit ihm zu bekannten Stellen: Erkennt es sein Bett, seinen Teddy oder das Treppengeländer wieder?

Auch die Füße können „sehen"

Ein Barfußgang durch die Wohnung – natürlich mit geschlossenen Augen – führt zu ganz neuen Entdeckungen: Wie fühlen sich Steinfliesen, Teppichboden, Kunststoff- oder Holzbelag an? Was fühlt sich warm, was fühlt sich kalt an, wann ändert sich der Untergrund? Die jüngeren Kinder können bei dem Barfußgang von den Eltern, an einer Hand oder an den Schultern gehalten, geführt werden.

Auch draußen kann man versuchen, mit den Füßen zu „sehen": Was für ein Untergrund ist es, über den man sich barfuß bewegt: Holz, Sand, Gras oder Steine, wann wird es hart und wo werden die Fußsohlen gekitzelt?

Wetterkarte (Entspannungsspiel)

Wie wird das Wetter morgen? Diesmal kommt die Wetterkarte nicht im Anschluss an die „Tagesschau" im Fernsehen, sondern als „Gutenachtsendung" ins Bett: Das Kind liegt auf dem Bauch, Sie sitzen neben ihm und stellen auf seinem Rücken die „Wetterkarte" dar:

- Am Morgen wird es leicht regnen (mit den Fingerkuppen leicht klopfen),
- dann scheint aber bald die Sonne (mit den Händen über den Rücken streichen),
- gegen Mittag gibt es Regenschauer (Handflächen trommeln),
- es wird kälter, Hagelkörner trommeln auf den Boden (Fingerkuppen trommeln),
- und dann kommt ein Gewitter – es fängt an zu donnern (mit den Fäusten klopfen),
- jetzt blitzt es sogar (mit einzelnen Fingern auf den Rücken pieksen),
- schon ist das Unwetter vorbei, und es scheint wieder die Sonne (den Rücken ausstreichen),
- am Abend fängt es leicht an zu schneien (sanftes Tupfen mit den Fingerkuppen),
- und in der Nacht scheint der Mond, alles ist still (Hände ruhig auf den Rücken legen).

Nach dieser „Wettervorschau" wird das Kind ganz ruhig und entspannt einschlafen (oder aber noch mehr „Wetterkarten" haben wollen).

Überraschungskiste

Ein großer Pappkarton wird so aufgestellt, dass der hintere Teil aufgeklappt werden kann. In den vorderen Teil wird eine handgroße Öffnung geschnitten, die mit einem Stück Stoff zugehängt wird.

Ein Kind legt durch die Klappe (für die anderen unsichtbar) einen Gegenstand, der sich zum „Ertasten" eignet, in den Karton. Die Mitspieler können nun raten, um was es sich handelt. Wer es erraten hat, darf als Nächster einen neuen Gegenstand in die Überraschungskiste legen.

Taströhren

In eine ca. 40 Zentimeter lange Röhre (Teppich- oder Papierrollen) wird ein Gegenstand (Kuscheltier o.ä.) gesteckt. Die Kinder können von beiden Seiten gleichzeitig die Hände in die Pappröhre stecken und den Gegenstand zu erkennen versuchen.

Mansch- und Matschspiele

Intensive taktile Erfahrungen machen Kinder beim Manschen mit Pappmaché (Eierkartons, die in Wasser eingeweicht und mit Tapetenkleister vermischt werden). Allein schon das Kneten und Vermengen der Pappe mit dem Wasser schafft sinnliches Vergnügen: die Masse quillt zwischen den Fingern hervor und ist glitschig. Anschließend können aus dem aufgequollenen Teig Figuren geformt werden.

Schmierseifenrutsche

Eine große, stabile Plastikplane wird auf einer Wiese ausgebreitet. Auf der Plane werden einige Spritzer Schmierseife verteilt, dann kommt aus einem Eimer oder einem Schlauch reichlich Wasser hinzu und schon entsteht die schönste Rutschbahn, die man sich denken kann. Auf ihr kann man mit Anlauf, auf dem Bauch, zu mehreren Kindern gemeinsam rutschen. Wenn das Gelände leicht abschüssig ist, kann man auf dem Rutschhang sogar besonders schnell herunterrutschen. Die jüngeren Kinder können auf dem Po und bei Unsicherheit auch an einer Hand gehalten die Schlitterpartie beginnen.

Igelballgeschichten

Heute kommt der kleine Igel vorbei! Während Ihr Kind auf einer Decke liegt, erzählen Sie ihm die Geschichte von dem kleinen Igel, der durch den Wald kriecht. Der Rücken ist der Wald, in dem der Igelball hin und her wandern kann. Die Massage mit dem Igelball ermöglicht eine intensive taktile Stimulation.

Die Körperwahrnehmung schulen: Bewegungsspiele

Wenn wir mit geschlossenen Augen oder im Dunkeln einen Apfel essen möchten, finden wir ohne Mühe unseren Mund, und beim Klatschen in die Hände müssen wir nicht ständig mit den Augen kontrollieren, dass die eine Handfläche auf die andere trifft.

Dass dies funktioniert, liegt an der sogenannten „kinästhetischen Wahrnehmung". Darunter wird die Lage- und Bewegungsempfindung verstanden, die durch die Muskeln und Gelenke vermittelt wird. Sie ist uns meist nicht bewusst; wir können automatisch auf sie zurückgreifen, da wir sie oft geübt haben und ein inneres Bild über den Ablauf alltäglicher Bewegungen in uns tragen. „Kinästhesie" bedeutet die Wahrnehmung der Raum-, Zeit-, Kraft- und Spannungsverhältnisse der eigenen Bewegung. Hier werden keine Reize aus der Umwelt aufgenommen, sondern solche, die im eigenen Körper (z. B. durch Bewegung) entstehen. Auch der Grad der Muskelspannung oder die Kraft, die für eine Bewegung aufgewendet wird, wird über die kinästhetische Wahrnehmung gesteuert.

Aus dieser Eigenwahrnehmung baut sich die Körperwahrnehmung auf: Das Kind kann die Grenzen des eigenen Körpers erfassen, es kann eine Vorstellung über seinen Körper entwickeln (vgl. Zimmer 2009 a).

Bewegungsaktivitäten tragen dazu bei, dass die kinästhetische Wahrnehmungsfähigkeit ständig herausgefordert und damit auch in ihrer Funktionsfähigkeit verbessert wird. Aufgrund der Verarbeitung im Gehirn werden nicht nur die Bewegungsabläufe zunehmend besser gesteuert und automatisiert, sondern auch die Gesamtentwicklung des Kindes wird angeregt.

Ringkampf

Ein Kampfspiel zur Erfahrung von Kraft und Widerstand (für Kinder, die nicht wissen, wohin mit ihren Kräften).

Ein kleiner Teppich oder eine große Fußmatte sind die „Kampfmatte". Hier findet ein Ringkampf zwischen Vater / Mutter und dem Kind oder zwischen zwei Geschwistern statt: Beide Mitspieler knien so voreinander, dass sie die Unterarme ausstrecken und beide Handflächen aneinanderlegen können. Sie sollen sich nun gegenseitig von der Fußmatte drücken, ohne sich an anderen Körperteilen als den Handflächen zu berühren.

Die Lach-, Hüpf und Springstraße

Besuchen Sie mit Ihren Kindern einmal eine seltsame Stadt, in der es ebenso seltsame Straßennamen gibt: Die Hüpfstraße, die Kitzelstraße, die Rutschstraße, die Streichelstraße, die Po-Klatschstraße, die Heulstraße oder die Hampelmannstraße. Wenn man sich in einer dieser Straßen befindet, muss man genau das machen, was der Straßenname angibt: Hüpfen, Rutschen, sich gegenseitig kitzeln oder wie ein Hampelmann springen.

Die ganze Wohnung kann auf diese Weise in verschiedene Straßen aufgeteilt werden.

Pfützenspringen

Eine Zeitung liegt ausgebreitet auf dem Boden. Sie stellt eine Pfütze dar, um die man herumlaufen, die man überspringen, in die man aber auch mit ganz viel Schwung hineinspringen kann. Jeder darf sich eigene Spielideen mit der „Zeitungspfütze" ausdenken.

Der Fußgreifer

Heute verschwinden die Hände! Fordern Sie Ihr Kind auf, sich vorzustellen, dass alle Hände weggezaubert wären! Wie könnten Sie sich mit den Füßen behelfen? Mit den Zehen kann man greifen und sogar malen! Verteilen Sie ein paar Tücher im Raum ... mal schauen, wer sie mit den Füßen aufheben kann!

Ball-Rollbahn

Alle halten sich an einem großen Bettlaken fest, auf dem zwei Bälle liegen. Was passiert, wenn alle gemeinsam das Laken hochschwingen – fallen die Bälle raus? Und was passiert, wenn nur ein Mitspieler wieder mit dem Laken runtergeht?

Reifenkünste

Reifen kann man rollen, drehen und kreiseln lassen. Diese Kunststücke lassen sich in vielfacher Form von Kindern variieren. Experimentieren Sie gemeinsam mit Ihrem Kind, wie sich der Reifen in Bewegung bringen lässt. Schafft man es auch, den Reifen wieder einzuholen?

Höhlenforscher

Eine Höhle bauen ist für Kinder immer wieder spannend! Mit Hilfe von Kartons, Matratzen, Decken, Tischen und Stühlen können lange Gänge gebaut werden, die zu einer Höhle führen. Die etwas dunklere Höhle kann mit einer Taschenlampe erleuchtet und erkundet werden.

Die Balance verlieren und wieder finden: Spiele mit dem Gleichgewicht

Die Anziehungskraft der Erde führt dazu, dass wir im ständigen „Kampf" mit dem Gleichgewicht leben. Das Gleichgewichtssystem liefert die Voraussetzungen dafür, dass wir unseren Körper aufrecht halten können, dass wir aufrecht gehen und uns im Raum orientieren können.

Das „Ringen" mit der Erdanziehungskraft begleitet das Baby im ganzen ersten Lebensjahr, wenn es z. B. den Kopf zu heben

versucht, aufrecht sitzen will oder die ersten Gehversuche macht.

Das Gleichgewichtsorgan, das im Innenohr liegt, reagiert auf die Einwirkung der Schwerkraft und auf Lage- und Haltungsveränderungen des Körpers. Die Informationen aus diesen Wahrnehmungen meldet es ans Gehirn weiter, so dass von dort bei Bedarf entsprechende Anpassungsleistungen ausgelöst werden. So werden z. B. bei unsicherem Stand auf einer schmalen Unterstützungsfläche Ausgleichsbewegungen mit den Armen eingesetzt, um das Gleichgewicht nicht zu verlieren und etwa von der Mauer oder dem Stein herunterzufallen. Auf einem Bürostuhl durch das Zimmer sausen, sich in einer Tonne den Hang hinunterrollen lassen, auf einem kippeligen Brett das Gleichgewicht auf die Probe stellen: Viele dieser alltäglichen Spiele der Kinder stellen Versuche dar, ihr Gleichgewicht auszuprobieren. Immer geht es darum zu sehen, wann einem schwindelig wird, wie die Anziehungskraft der Erde herausgefordert werden kann und wo der Punkt erreicht ist, an dem man das Gleichgewicht verliert.

Kinder erfinden immer wieder neue Spiele, um ihr Gleichgewicht auszutesten: über Mauern balancieren, über Pfützen springen, von einem Stein auf den anderen treten. Zum Balancieren muss man Kinder nur in den seltensten Fällen auffordern, meist nutzen sie von sich aus jede Gelegenheit, ihr Gleichgewicht zu erproben: Bordsteinkanten ziehen sie dem breiten Gehweg vor, im Wald lassen sie keinen Baumstamm links liegen, keine Gartenmauer ist vor ihnen sicher.

Das Gleichgewicht zu halten ist am schwersten, wenn man auf einer schmalen oder kleinen, hohen Unterstützungsfläche steht, die sich zudem noch bewegt (gezogen wird, sich dreht etc.). Hierfür gibt es viele Gelegenheiten.

Kissenstraße

Auch im Haus können Sie Balancierwege bauen, um den Kindern Trainingsgelegenheiten für das Gleichgewichtsempfinden zu schaffen: viele Sofakissen, Sitzkissen oder Stuhlauflagen werden hintereinander auf den Boden gelegt. Die Kinder versuchen, auf dieser wackeligen Kissenstraße zu balancieren.

Wer ganz mutig ist, kann das Balancieren noch erschweren, indem er versucht, mit einem Buch oder einem Kissen auf dem Kopf von Kissen zu Kissen zu steigen. Die jüngeren Kinder können über die Kissenstraße krabbeln.

Balancierwege

Mehrere Holzlatten werden so auf den Boden gelegt, dass sich „Kreuzungen" ergeben. Hier können mehrere Kinder gleichzeitig über die Wege balancieren und versuchen, aneinander vorbeizugehen.

Den Fluss überqueren

Der Hausflur stellt einen Fluss (oder die Wohnungsdiele einen See) dar, der mit Hilfe einiger großer Steine (Sofakissen) überquert werden soll. Wie viele Kissen braucht man, um an das andere Ende zu gelangen? Wie weit können die Kissen auseinanderliegen, damit man gerade noch den Abstand im Gehen oder Springen überwinden kann?

Wie viele Kissen brauchen die Erwachsenen, wie viele benötigen die Kinder?

Schlittschuhlaufen

Wenn die Wohnung einen glatten Boden hat (Parkett, Steinfliesen, Kunststoffbelag), kann mit Hilfe von Staubtüchern (oder

Putztüchern) ein „Schlittschuhlaufen" veranstaltet werden. Mit einem Fuß steht man auf dem Tuch, mit dem anderen drückt man sich ab und kann so durch den Raum schlittern. Noch wackeliger wird es, wenn beide Füße auf jeweils einem Staubtuch stehen.

Fliegender Teppich

Das Kind sitzt, kniet oder liegt auf einem kleinen Teppich oder auf einer Wolldecke. Es wird von einem Erwachsenen durch den Raum gezogen. Am besten kommt der „fliegende Teppich" in Fahrt, wenn das Ganze auf einem möglichst glatten Boden stattfindet.

Seiltänzerinnen

Ein langes Seil wird auf den Boden gelegt. Die Kinder balancieren wie Seiltänzerinnen von einem Ende zum anderen. Wer „abstürzt", kann gleich wieder aufsteigen; er kann sich aber auch eine Balancierstange zu Hilfe nehmen (quergehaltener Besenstiel oder aufgespannter Regenschirm). Die jüngeren Kinder können an/auf dem Seil entlangkrabbeln.

Afrikanische Lastenträgerinnen

In Afrika lernen bereits junge Mädchen, mit Wasser gefüllte Gefäße auf dem Kopf zu tragen. Anstelle eines Tongefäßes versuchen dies die Kinder mit weniger gefährlichen Gegenständen: Sie tragen Schaumstoffwürfel, einen Plastiktopf oder ein Buch auf ihrem Kopf.

Eventuell kann man auch versuchen, sich mit der Last hinzuknien, hinzusetzen und wieder aufzustehen.

Wackelbrücke

Unter eine am Boden liegende Kinderbettmatratze werden einige Bälle gelegt. Jetzt wackelt die Matratze so richtig und es ist besonders schwierig, darüberzugehen.

Rohe Eier transportieren

Auf einem Löffel soll ein „rohes Ei" (ein Gipsei, ein Tennisball oder ein Wollknäuel) balanciert werden. Damit die Aufgabe nicht zu leicht ist, wird eine Hindernisstrecke festgelegt: Der Weg geht von der einen Wand des Zimmers unter dem Tisch hindurch, um den Stuhl herum, über ein dickes Kissen bis zur anderen Wand des Zimmers. Wie lange bleibt das Ei auf diesem Weg auf dem Löffel? Die jüngeren Kinder können ohne einen Gegenstand in der Hand durch den Parcours krabbeln oder gehen.

Spinnennetz

Die Fäden eines Wollknäuels oder mehrere Seile werden kreuz und quer im Raum gespannt. Sie werden an Stuhl- und Tischbeinen befestigt und sehen aus wie ein Spinnennetz. Wenn das Spinnennetz fertig gesponnen ist, wird versucht, durch das Netz hindurchzuklettern. Die Älteren können dabei versuchen, so wenige Fäden zu berühren wie möglich, während die Jüngeren einfach probieren, auf die andere Seite des Netzes zu klettern.

Feinschmecker und Spürnasen: Schmeck- und Riechspiele

Gerüche wecken Emotionen. Häufig sind mit bestimmten Gerüchen Erinnerungen an die Kindheit verbunden: das Tannengrün der Weihnachtszeit, der „Mief" eines langen Schulflures, der Bohnerwachsgeruch des gründlichen Hausputzes am Samstag. Die Bedeutung des Geruchssinnes und die Wirkung von Duftstoffen werden heute zunehmend wiederentdeckt. Gewürzen und Räucherkerzen etwa werden heilende Kräfte zugeschrieben. Ihr Duft soll sich wohltuend und belebend auf Körper und Geist auswirken.

Der Geruchssinn ist bei der Geburt bereits gut entwickelt. Neugeborene können schon zwischen verschiedenen Gerüchen unterscheiden. So können sie z. B. ihre Mutter bereits am Geruch erkennen.

Schaffen Sie auch Ihren Kindern Geruchserinnerungen, indem Sie jahreszeitlich typische Düfte und Gerüche aufsuchen und sie gemeinsam mit ihnen bewusst erleben. Das gemeinsame Backen in der Adventszeit gehört ebenso dazu wie der Bratapfel im Backofen oder das Aufstellen von Tannengrün.

Im Frühling erfreuen Flieder und Maiglöckchen die Nase. Der Sommer ist gekennzeichnet durch den Geruch von trocknendem Gras, von Heu und Sommerblumen. Im Herbst liegen reife Äpfel im Kellerregal, Laub und Regen sorgen für typische Geruchserlebnisse.

Um den Geruchssinn zu entfalten, ist es wichtig, solche Ereignisse bewusst wahrzunehmen, Kinder auf die besonderen Gerüche aufmerksam zu machen: Schnuppern Sie mit geschlossenen Augen und fragen Sie häufiger „Wonach riecht es?"

Der geruchsintensivste Ort der Wohnung ist die Küche. Sie kann zum Erfahrungsraum des Riechens werden, wenn Kinder sich am Kochen beteiligen können. Vielleicht schalten Sie dabei einfach einmal die Dunstabzugshaube ab, um den Geruch des

Bratens oder des Vanillepuddings länger genießen zu können. Sie können auch Gewürze trocknen und so aufhängen, dass man im Vorübergehen daran schnuppern kann. Beim Backen und beim Kochen sollten Sie nach Möglichkeit die Kinder mitmachen lassen. Hier können sie selbstständig Erfahrungen sammeln: Wie anders schmeckt der Teig, wenn Vanilleschoten dazugegeben werden, die Soße, wenn sie mit Minze verfeinert wurde?

Ein Ratespiel kann beim Kochen ganz nebenbei entstehen: Curry, Paprika, Nelken, Lorbeerblätter – wie riechen sie, wie heißen sie?

Geruch und Geschmack hängen eng zusammen: Wenn man Schnupfen hat und nichts mehr riecht, ist auch der Geschmack betroffen. Auch der Geruchs- und Geschmackssinn können trainiert werden: Kinder müssen manchmal regelrecht zum bewussten Schmecken hingeführt werden. Feinere Nuancen können aus Nahrungsmitteln herausgeschmeckt, besondere Düfte und Gerüche gerochen werden. Vielleicht probieren Sie auch einfach einmal, mit Ihren Kindern einen „Riechtag" einzulegen: Was hat die Nase heute alles erlebt?

Um mit Gerüchen und Düften zu experimentieren, können Sie auch selber Duftsäckchen mit bestimmten Kräutern nähen, die Sie Ihrem Kind mit ins Bett geben: Kamille und Lavendel etwa wirken beruhigend. Natürlich kann man auch Duftöle auf ein Stück Stoff tropfen lassen, aber die Herkunft des Duftes, der Zusammenhang mit natürlichen Kräutern und Pflanzen wird den Kindern so nicht ohne weiteres erkennbar.

Im Folgenden einige Spielideen:

Feinschmecker

Fruchtstückchen sollen den entsprechenden Früchten zugeordnet werden. Mit geschlossenen Augen nehmen sich die Kinder ein Stück von einem Obstteller. Von welcher Frucht stammt es?

Saftbar

Zwei Saftsorten sollen – ohne auf die Farbe zu schauen – unterschieden werden. In welchem Glas ist Apfelsaft, in welchem Orangensaft?

Spürhunde

Im Raum ist eine stark riechende Duftquelle versteckt (eine stark duftende Seife etc.). Die Kinder spielen Spürhunde, die durch den Raum kriechen und die (am Boden befindliche) Geruchsquelle aufzuspüren versuchen.

Raumdetektive

Führen Sie die Kinder, die die Augen geschlossen haben, in verschiedene Räume der Wohnung. Am Geruch sollen sie erkennen, ob sie sich im Badezimmer, in der Küche oder im Flur befinden.

Sprache in Bewegung bringen: bewegte Sprachspiele

Auch wenn die Sprache nicht zu unseren Sinnen gehört, ist sie dennoch direkt verbunden mit all diesen Bereichen. Fantasie- und Wahrnehmungsspiele sowie Spiele mit Alltagsmaterialien bedienen sich alle der Sprache genauso wie der Bewegung! Bewegung und Spiel gelten als der Motor der kindlichen Entwicklung. Über den Körper und dessen Bewegungen werden Vorstellungen über die eigene Person, die Körperlichkeit, die personale sowie materielle Umwelt aufgebaut, die das Fundament der Sprachentwicklung bilden. Durch körperliche Erfahrungen erwerben Kinder innere Bilder der Welt (Begriffe), die

wiederum Voraussetzung für Denkprozesse und Sprachentwicklung sind. So erlernen Kinder im gemeinsamen Spiel durch die Sprachanregung des Erwachsenen scheinbar nebenbei, dass der Gegenstand, den sie gerade greifen, „Ball" heißt, dass er „rollt" und dass es beispielsweise „rote" und „blaue" Bälle gibt.

Oftmals fragen sich Eltern, wie sie die sprachliche Entwicklung ihres Kindes im Alltag fördern können. Dies kann schon durch einfache Fingerspiele, durch Reime und Singspiele erfolgen, bei denen die Bewegung durch Sprache begleitet wird. Über die Freude an der Bewegung wird die Sprechlust des Kindes geweckt – besonders anregend sind dabei rhythmische Verse, die mit rhythmisierter Bewegung verbunden werden. Dazu gehören z. B. Kniereiterspiele, Fingerreime und kleine Bewegungsverse. Hierzu einige Beispiele:

Das Mäuschen

Kommt ein Mäuschen,
aus dem Häuschen
klingeling
klopft an
Guten Tag, Herr Nasemann

Mit den Fingern wie ein „Mäuschen" über die Arme oder den
Bauch des Kindes krabbeln, bei „klingeling" am Ohr zupfen, bei
„klopft an" auf die Wange klopfen, zum Schluss sanft an der
Nase zupfen.

Wie das Fähnchen auf dem Turm

Wie das Fähnchen auf dem Turme
sich kann drehen bei Wind und Sturme,
so soll sich mein Händchen drehen,
dass es eine Lust ist, es anzusehen.

Gemeinsam mit dem Kind drehen Sie während des Liedes die
Hände hin und her. (Halten Sie dabei die Hände hoch, damit
das Kind zum Mitmachen animiert wird.)

So reiten die Damen

So reiten die feinen Damen,
so reiten die stolzen Herren,
so reitet der wilde Bauer, …

Das Kind sitzt auf ihrem Schoß: Bei den „feinen Damen" bewegen Sie Ihre Knie langsam auf und ab. Bei den „stolzen Herren" steigern Sie das Tempo. Beim „wilden Bauer" geht es wild
auf und ab. Wenn es ganz wild zugeht kann das Pferd den Bau-
ern auch „abwerfen".

Schifffahrt

Fährt ein Schifflein übers Meer,
es schaukelt hin, es schaukelt her,
es schaukelt hin, es schaukelt her;
da kommt ein starker Sturm,
der wirft das Schifflein um.

Sie fassen das Kind an beiden Händen (kleinere Kinder auf dem Arm halten) und schaukeln im Stehen hin und her. Bei stärkerem Sturm wird auch das Schaukeln wilder. Zum Schluss fallen beide um.

Tick-Tack

Große Uhren machen tick-tack-tick-tack-tick-tack.
Kleine Uhren machen tick-tack-tick-tack-tick-tack.
Klitzekleine Uhren machen ticke-tacke-ticke-tacke-ticke-tacke.
Und der Wecker, der macht brrrrrrrrrrrrrr.

Das Kind sitzt auf Ihrem Schoß, Sie wiegen es im Rhythmus der Uhren hin- und her und werden dabei immer etwas schneller. Wenn der Wecker rasselt, das Kind sanft schütteln.

Hoppe, hoppe Reiter

Hoppe, hoppe Reiter,
wenn er fällt, dann schreit er.
Fällt er in den Graben,
fressen ihn die Raben,
fällt er in den Sumpf,
macht der Reiter plumps.

Das Kind sitzt auf ihrem Schoß, Sie halten es fest im Arm und kippen es bei jedem Vers immer etwas stärker vor und zurück.

Bei „plumps" wippen Sie mit ihm bis kurz über den Boden (dabei das „uuu" so lange ausdehnen, bis Sie mit dem Kind wieder aufrecht sitzen).

Die kleine Schnecke Schnirgelschreck

Aus einem Schnick-Schnack-Schneckenhaus
da gucken kleine Hörner raus.
Die kleine Schnecke Schnirgelschreck
oje, jetzt ist sie wieder weg.

Und aus dem Schnick-Schnack-Schneckenhaus
da kommt jetzt eine Schnecke raus.
Die kleine Schnecke Schnirgelschreck
bewegt sich und kommt kaum vom Fleck.

Schnick-Schnack-Schnirgelschnecke
kommt ganz langsam um die Ecke.
Hat dabei ihr Schneckenhaus,
kriecht mal rein und wieder raus.

Lesen Sie das Gedicht langsam vor, dabei machen sie mit dem Kind zusammen die Bewegungen der Schnecke nach: Das Hervorwagen und Zurückweichen der Schnecke, ihr langsames Um-die-Ecke-Kriechen kann mit einem Fingerspiel auf der Tischplatte dargestellt werden.

Rettet euch vorm Krokodil

Gemeinsam mit Ihnen sitzen die Kinder auf einer großen Erzähldecke. Sie erzählen die Geschichte von der Krokodil-Insel. Immer wenn darin das Wort „Krokodil" erwähnt wird, müssen alle Kinder schnell in eine entlegene Ecke des Raumes flüchten. Dort sollte am besten eine weitere Decke oder Matratze liegen, auf die sich die Kinder fallen lassen können. Wenn sich alle Kinder in Sicherheit gebracht haben, rufen Sie sie zurück.

„Es waren einmal … (Anzahl der Kinder) Affen, die lebten auf einer Dschungel-Insel.

Sie lebten dort aber nicht alleine, mit ihnen war auch ein KROKODIL auf der Insel.

Die Insel ist wunderschön, viele Tiere leben in den Wäldern, in den Flüssen, Bächen und Seen und Die Sonne scheint und die Affen sitzen am Flussufer. Plötzlich taucht das KROKODIL auf …

Die Affen gehen in den Wald, um sich Nahrung zu suchen, und klettern auf die Bäume. Von oben sehen sie, wie das KRO-KODIL seinen Kopf aus dem Wasser streckt. Als alle satt sind, legen sie sich zum Schlafen hin. Was spüren sie da an ihren Fü-ßen? Das KROKODIL, das sich angeschlichen hat …

Später spielen die Affen zusammen – da hören sie plötzlich einen Schuss. Erschrocken laufen sie herum und suchen das KROKODIL. Es liegt in der Ecke und schläft ganz friedlich.

Möchtet ihr es wecken?"

(Modifiziert und in Anlehnung an den Gruppen-Bewegungs-kalender des niedersächsischen Kultusministeriums)

Die kleine Hex

Gemeinsam wird der Hexenreim gesprochen und die einzelnen Verse durch passende Bewegungen sowie die Uhrzeiten durch Fingerzählen begleitet. Das Betonungsmuster sollte deutlich werden.

Morgens früh um sechs kommt die kleine Hex.	*Eltern zeigen 6 Finger und laufen mit dem Kind wie eine Hexe durch den Raum.*
Morgens früh um sieben schabt sie gelbe Rüben.	*Eltern zeigen 7 Finger und tun so, als ob sie mit dem Kind Möhren schälen würden.*

Morgens früh um acht wird Kaffee gemacht.	*Eltern zeigen 8 Finger und tun gemeinsam mit dem Kind so, als ob sie trinken würden.*
Morgens früh um neun geht sie in die Scheun.	*Eltern zeigen 9 Finger und laufen mit dem Kind wie eine Hexe durch den Raum.*
Morgens früh um zehn holt sie Holz und Spän.	*Eltern zeigen 10 Finger und tun mit dem Kind so, als ob sie etwas tragen würden.*
Feuert an um elf, kocht dann bis um zwölf.	*Eltern zeigen erst 11, dann 12 Finger.*
Froschbein und Krebs und Fisch: „Hurtig, Kinder, kommt zu Tisch!"	*Kinder verziehen das Gesicht und schließen dann mit einer einladenden Geste ab.*

Laufende Post

Alle Kinder oder Familienmitglieder stehen im Kreis und merken sich ihren linken Nachbarn. Danach laufen alle kreuz und quer durch den Raum. Ein Erwachsener flüstert einem Kind ein Wort oder einen Satz ins Ohr, der zu einem bestimmten Wortfeld (Schule, Kleidung, Jahreszeiten, etc.) gehört. Dieses Kind sucht seinen ehemals linken Nachbarn, läuft zu ihm und gibt ihm den Satz oder das Wort weiter usw. Das letzte Kind spricht laut aus, was bei ihm angekommen ist.

Fußgruß

Setzen Sie sich einander paarweise gegenüber, sprechen Sie folgenden Vers und führen Sie die Bewegungen aus:

Sieh die vielen Zehen an,
wie ich mit ihnen tanzen kann.
Sie wackeln lustig hin und her,
das fällt den Zehen gar nicht schwer.

Sie winken sich ganz fröhlich zu
Und geben einfach keine Ruh.
Am Schluss, da winkt der ganze Fuß
Den andren zu als Abschiedsgruß!

(in Anlehnung an Friedl, 2006)

8. Im Forschungslabor der Natur

Max entdeckt den Schlauch, aus dem Wasser herausläuft. Aufmerksam verfolgt er den Wasserstrahl, greift hinein, presst die Finger fest zusammen, zieht die Hand wieder hervor, ist verblüfft, dass nichts dazwischen ist. Wieder versucht er ein Stück des Wassers zu greifen, es festzuhalten …

Max ist offensichtlich erstaunt, dass man das Wasser zwar sehen, anfassen und spüren, aber nicht festhalten kann.

Kinder sind geborene Forscher. Sie staunen, erkennen, erkunden und ergründen – noch ist die Welt voller Geheimnisse, die entdeckt werden wollen. Kinder nehmen sich die Zeit, sich den Dingen zuzuwenden. Die Dinge geben Antworten, wenn man lernt, sie zu fragen.

Z. B. eine Pfütze: für uns Erwachsene gewiss kein Forschungslabor, sondern eher ein Ärgernis. In einer Matschpfütze spielende Kinder – Erwachsene denken auf Anhieb an Hygiene, an Sauberkeit, an mögliche Gefahren durch Kälte und Nässe. Für Kinder dagegen bietet die Pfütze eine Fülle von sinnlichen Erlebnissen – und jede Menge Gelegenheiten Fragen zu stellen: Schiebt man den Matsch von außen in die Mitte, steigt plötzlich der Wasserspiegel – obwohl doch gar nicht mehr Wasser dazugekommen ist! Schiebt man ihn nach außen wird die Pfütze immer größer, das Wasser flacher. Was ist eigentlich mehr? Hoch und schmal oder breit und flach?

Oder: Schüttet man einen Eimer Sand in die Pfütze, wo bleibt dann das Wasser?

Im Spiel wird die Pfütze zu einem Hafen, ein Blatt ist ein Schiff, das immer oben schwimmt und nicht untergeht. Bis man einen Stein darauf legt und es sinkt – mit einem Stück Holz dagegen nicht! Warum-Fragen werden geweckt, grundlegende physikalische Erfahrungen werden gewonnen, der Grundstein für forschendes Interesse gelegt.

Wie tief kann man in die Pfütze hineinwaten, ohne dass Wasser in die Stiefel hineinläuft – und was passiert, wenn das Wasser „überläuft"? Ist die Pfütze jetzt im Stiefel? Wieviel Wasser bleibt drin, wieviel draußen?

Solche Fragen entstehen beim Spiel, sie lassen sich nur beantworten, wenn man ausprobiert und experimentiert. Die Pfütze, die Sandkiste, der Erdhügel – sie werden zum Labor für vielfältige Forschungsaktivitäten der Kinder. Die aufmerksame Zuwendung durch die Erwachsenen unterstützt ihre Fragehaltung, Neugier wird stimuliert, die Sinne werden „geöffnet", der Verstand geschärft. Die Lust am Lernen leitet und begleitet das Tun.

Sand und Wasser – mehr als nur Matsch!

Die oben beschriebenen Beispiele machen deutlich: Für die schönsten Spiele der Kindheit braucht man nur zwei Dinge: Sand und Wasser. Wasser alleine ist schon ein sinnliches Vergnügen, Sand, Lehm und Erde sind es ebenso – aber so richtig lustvoll wird es erst, wenn beide Elemente zusammenkommen: Mit Sand kann man Burgen bauen und Figuren formen, darin graben und wühlen, sich selbst tief einbuddeln. Man kann Wasser in Sand einrühren und mit den Händen eine matschig-schöne Kugel formen, drücken und glätten, barfuß durch den Sand stapfen und die Fußabdrücke verfolgen. Wasser und Sand sind Elemente der Natur, die die Sinne der Kinder herausfordern, ihren Forschergeist wecken und sie zu immer neuen Fragen führen.

Sand ist nicht gleich Sand und schon gar kein Dreck

Beim Spiel mit Sand und Erde kennt die Fantasie keine Grenzen. Kuchen backen, Suppe kochen, rühren, formen – Kinder geben ihrem Spiel mit den Elementen eine immer neue Bedeutung. Dies liegt auch an der Verschiedenartigkeit der Materie: Sand kann trocken und rieselig sein; je mehr Lehm enthalten ist umso besser „klebt" er, lässt sich formen und gestalten. Mit Wasser vermengt, ändert sich die Konsistenz. Aus dem rieselnden Sand wird eine klebrige Masse, ein Klumpen, der sich ebenfalls gut formen lässt.

Experimente mit Wasser und Sand

Warum lässt sich trockener Sand nicht formen, warum rieselt der „Sandkuchen" schnell auseinander, sobald man das Förmchen wegnimmt? Warum fühlt sich Gartenerde ganz anders an

als Sand? Warum verschwindet das Wasser im Sandkasten schneller als im Sandloch?

Die Fragen entstehen beim Spiel mit den Elementen. Antworten ergeben sich aus dem Erproben, vielleicht auch durch die Erklärungen der Erwachsenen, die das Tun der Kinder aufmerksam begleiten und sie in ihrem Fragen bestärken.

Sandboden ist leicht und wasserdurchlässig. Sandkörner sind gewissermaßen viele kleine Ministeine, aus denen sich der Sand zusammensetzt, mit der Lupe kann man die Steine besser erkennen als mit dem bloßen Auge. Die Körner im Sand sind unterschiedlich groß – je größer sie sind, desto weniger haften sie aneinander.

Gisela Lück (2005, S. 110f.) regt die Kinder zu Experimenten an, indem sie erklärt, dass Wasser bei Sand wie ein Klebstoff wirkt: „Sand besteht aus winzig kleinen Körnchen, die untereinander keine Anziehungskräfte ausüben. Würden wir uns die Sandkörner unter einer Lupe angucken, dann könnten wir bei den einzelnen Körnern eine unebene Oberfläche erkennen. Deshalb haben die Oberflächen der Sandkörner nur geringe Berührungsflächen. Im trockenen Zustand fällt Sand daher immer zusammen. Wird nun Sand mit Wasser befeuchtet, dann gelangt zwischen die Sandkörner eine dünne Schicht Wasser. Zwischen dem Wasser und den Sandkörnchen bilden sich Bindungskräfte aus". Wasser wird so zu Klebstoff, der den Sand zusammenhält – aber eben nur so lange, wie es nicht verdunstet, dann fällt der Sand wieder auseinander.

Alles Lernen beginnt mit der sinnlichen Wahrnehmung

Forschen und Endecken, Finden und Bestaunen, Fragen und Beobachten – das erfordert eine veränderbare, Aufmerksamkeit weckende Situation, die das Kind neugierig macht, die für es selbst eine Bedeutung hat. Die sinnliche Wahrnehmung ist die Grundlage aller Erkenntnis: Mit den Sinnen Erfahrenes führt zu neuen Fragen, zum Genießen und auch zum Weiterforschen. Gleichzeitig wird die Wahrnehmungsfähigkeit weiter ausdifferenziert, die Selbsttätigkeit des Kindes wird angeregt, die Beobachtungsfähigkeit geübt.

Beim Experimentieren übewiegt die Lust am Augenblick, das Erlebnis der geglückten Tat. Das Kind kann hier Erfahrungen aus erster Hand machen – nicht von anderen aufbereitet, vorbereitet, angeleitet und bewertet, dokumentiert und kommentiert.

Wasser und Sand bedürfen keiner Spielanleitung, keiner Vorbereitung, keines Trainings und keiner Fertigkeit – aber sie vermitteln tiefgehende Erfahrungen und wecken den Forschergeist.

Den Körper spüren

Sich nass in den Sand legen und sich drehen und wenden, bis man wie ein Schnitzel paniert ist, die Schwere des Sandes am eigenen Körper erleben, die kühlende Wirkung des nassen Sandes spüren – all dies ermöglicht intensive Sinneswahrnehmungen.

Das Spielen in nassem Sand und mit Wasser bereitet Kindern ein sinnliches Vergnügen. Ihr Tastsinn wird angesprochen, ihre Fantasie angeregt, ihre kinästhetische Wahrnehmung herausgefordert (vgl. Kapitel 7 und Zimmer 2009a).

Über den Tastsinn nehmen wir passiv mit Hilfe mechanischer Reize Berührungen wahr, gleichzeitig findet jedoch auch eine aktive Erkundungswahrnehmung statt. Aktives Berühren zum Zwecke des Erkundens ermöglicht sowohl den Gewinn von Informationen über den Gegenstand, als auch die Möglichkeit, mit ihm etwas zu tun: Das Spiel mit Sand, Lehm,

Matsch und Steinen führt zur Wahrnehmung ihrer Oberfläche (weich, rau, kalt, warm, trocken, nass, etc.), gleichzeitig wird durch die Tiefenwahrnehmung jedoch auch die Festigkeit und Konsistenz des Materials erkannt: Ist es glibberig, fest, weich, hart?

Wasser und Sand sind ideale Materialien, um die Sinne zu trainieren.

Die Lust an Wasser und Sand lässt sich nicht verordnen

Und wenn ein Kind sich weigert, im Matsch zu spielen? Wenn es Fingerfarben nur mit den Fingerspitzen berührt und die Schuhe beim Waten im Wasser nicht ausziehen will?

Verordnen hilft nicht, vielmehr gilt es diese Abneigung zunächst einmal zu respektieren. Vielleicht hilft ja schon das Zuschauen beim Spiel der anderen, das Übernehmen von Aufgaben – etwa der Wassertransport im Eimer, das Schütten des Wassers in den Sand – dabei, dem Kind eine Brücke zu bauen. Manche Kinder haben Hemmungen, mit Matsch in Berührung zu kommen, Sand in die Hand zu nehmen, mit den Händen in ihm zu graben, ihn zu formen und zu türmen. Wasser kennen sie nur als Mittel zum Waschen, zum Entfernen des „Drecks". Dies kann einerseits Folge einer übermäßigen Sauberkeitserziehung der Eltern sein, die ihr Kind früh von allem Dreck und Schlamm und Pfützen ferngehalten haben; es kann aber auch Begleiterscheinung einer taktilen Überempfindlichkeit des Kindes sein, einer mangelnden Integration ihrer sinnlichen Reize.

Kinder, die in den ersten Lebensjahren keine Gelegenheit hatten, im Matsch zu spielen, mit Sand und Wasser zu matschen, entwickeln später mitunter eine Abwehrhaltung gegenüber taktilen Reizen. Diese werden von diesen Kindern oft als

unangenehm empfunden, sie reagieren darauf mit Abwehrbe-
wegungen, Flucht oder Vermeidung. Manche Kinder zeigen
sich überempfindlich gegenüber Kleidungsstücken (alles kratzt
und juckt), wollen nicht nackt sein und laufen nicht gern barfuß im Sand oder Gras. Auch der Umgang mit Matsch, Kleister
oder Fingerfarben scheint ihnen eher unangenehm zu sein.

Andere lehnen Zärtlichkeiten selbst von ihren unmittelbaren Bezugspersonen ab. Schon wenn man sie in den Arm
nimmt oder ihnen über das Haar streichelt, wird ihr Berüh-
rungssystem überfordert.

Bei herabgesetzter Berührungsempfindlichkeit werden ge-
ringfügige taktile Empfindungen dagegen kaum wahrgenommen; es bedarf sehr intensiver Reize, damit diese Impulse im
Gehirn ankommen. Die betroffenen Kinder sind häufig auch
schmerzunempfindlich, beim Hinfallen und Anstoßen zeigen
sie kaum Reaktionen. Ihre ständige Suche nach massiven Be-
rührungsreizen kann so weit gehen, dass sie sich durch Kratzen
und Stoßen selbst verletzen. Da ihnen auch ihre Körpergrenzen
nicht bewusst sind, sind sie oft auch distanzlos gegenüber
Fremden und haben nur wenig soziale Hemmschwellen.

Spielen im Matsch – Symbol einer glücklichen Kindheit

Kinder sind von ihrem ersten Lebenstag an aktiv und wollen
ihre Umwelt erkunden. Erwachsene können sie dabei begleiten
und unterstützend wirken, indem sie eine entsprechende Umgebung schaffen, Sinneserfahrungen zulassen und ihnen damit
Chancen für ein Leben und Lernen mit allen Sinnen geben.

Matschende Kinder sind glückliche Kinder – sie vergessen
die Zeit, brauchen keine Hilfe und entwickeln ganz von alleine
Forschergeist, indem sie den Dingen – im wahrsten Sinne des
Wortes – auf den Grund gehen. Die Lust am Spiel mit Wasser

und Sand ist in keiner Altersstufe so groß wie in den ersten Lebensjahren, sie ermöglichen das lustvolle Erleben des eigenen Körpers.

Vom Wasserspaß zum Babyschwimmen

Wasser kann man trinken, mit Wasser wäscht und duscht man sich auch, in Wasser badet man – spätestens hierbei gehen die Erlebnisse mit und im Wasser weit über die der Hygiene oder Nahrungsmittelaufnahme hinaus. Bereits Kleinkinder entwickeln sich zu begeisterten „Wasserratten", wenn sie sich früh und ohne Ängste im Wasser bewegen konnten. Als Spielort dient die Badewanne, im Sommer ein Planschbecken, aber auch Eimer und Schüsseln, Becher, Schwämme und Schaufeln sind hilfreiche Spielutensilien. Einen besonderen Höhepunkt können Sie (sich und) ihrem Kind durch den Besuch eines Schwimmbades oder durch die Teilnahme an einem Babyschwimmkurs bieten. Die meisten Schwimmbäder verfügen inzwischen über ein Kinderbecken, in dem die Temperatur des Wassers erhöht ist. Das gemeinsame „Schwimmen" ist nicht nur bewusste Bewegungsförderung, sondern die uneingeschränkte Aufmerksamkeit, die Ihr Kind in dieser Situation von Ihnen bekommt, fördert sein Vertrauen in die eigenen Fähigkeiten und wirkt sich positiv auf seine Selbstwahrnehmung aus.

Das Gefühl der Schwerelosigkeit im Wasser regt die unterschiedlichsten Sinne an; der Gleichgewichtssinn wird ganz besonders herausgefordert. Der Druck, die Dichte sowie die Temperatur des Wassers bieten neue Erfahrungen im Hinblick auf die kinästhetische und taktile Wahrnehmung. Im Wasser zu sein fördert damit die Entwicklung der Sinne.

Im Folgenden werden einige Wasserspiele für Sie und Ihr Kind vorgestellt:

Experimente mit dem Wasser

Material: kleine Plastikbadewannen, Eimer, Gießkannen, Pflanzensprüher, Plastikschläuche, Leerrohre, Schwämme, Trichter, Plastikflaschen (kein Glas).

Wasserrohre

Lange durchsichtige Rohre (Leerrohre aus dem Baumarkt) werden in Wasserleitungen verwandelt. Auf das eine Ende des Rohres kommt ein Trichter. Durch ihn kann mit einer Gießkanne Wasser in das Rohr gefüllt werden. Der Weg des Wassers wird im Rohr verfolgt. Es macht Spaß, zu beobachten, wie das Wasser auf der anderen Seite herausläuft. Mit den Rohren kann natürlich auch noch weiter experimentiert werden: Wie hoch steigt die gleiche Menge Wasser in einem dicken, in einem dünnen Rohr?

Schwammspiele

Mit Schwämmen wird Wasser aus einer Wanne oder Schüssel aufgesaugt. An anderer Stelle kann das Wasser wieder ausgedrückt oder ein Schwammwerfen (weit, hoch, in einen Eimer, auf andere Kinder ...) veranstaltet werden.

Miniduschen

Mit Gießkannen, Pflanzen- oder Wäschesprühern und Wasserpistolen werden Duschen hergestellt. Natürlich kann man sich auch gegenseitig damit anspritzen.

Schmierseifenrutsche

Eine große, reißfeste Plastikfolie (erhältlich im Baumarkt als Abdeckplane) liegt auf einem ebenen Stück Rasen. In einem Eimer Wasser wird etwas flüssige Schmierseife aufgelöst und über die Plane geschüttet. Es entsteht eine glitschige Fläche, auf der man im Stehen oder auch in Bauch- und Rückenlage rutschen kann (Anlauf nehmen und sich auf den Bauch gleiten lassen).

Hin und wieder muss Wasser nachgegossen werden. Am besten wird die Schmierseifenrutsche in der Nähe eines Wasseranschlusses aufgebaut oder neben einer Gartendusche platziert, so dass ständig Wasser nachfließt.

Hat das Gelände eine abschüssige Wiese, erhält die Rutsche durch das natürliche Gefälle eine besondere Qualität.

Jüngere Kinder können die Schmierlandschaft natürlich auch in Begleitung erkunden.

Im Planschbecken: Fische vertreiben

Im Planschbecken schwimmen mehrere „Kugelfische" (bunte Tischtennisbälle). Die Kinder versuchen sie durch Pusten in Bewegung zu bringen. Dabei können die Kinder selbst im Wasser sitzen, sie können aber auch versuchen, die Fische vom Rand des Beckens aus anzutreiben.

Im Schwimmbad

Wasserpferde

Die Kinder sitzen bei ihren Eltern auf den Schultern und reiten durch das Wasser. Ab und zu taucht das „Pferd" auch einmal unter, dabei wird der Reiter natürlich nass.

Finden Sie heraus, wie tief Ihr Kind ins Wasser tauchen möchte.

Fliegender Fisch

Zwei Erwachsene reichen sich im Wasser stehend mit über-kreuzten Armen die Hände. Ein Kind legt sich nun auf diese „Brücke" und lässt sich in wippenden Bewegungen fortbe-wegen. Je nach Mut kann es auch leicht hochgeworfen werden – und im Wasser landen: ein fliegender Fisch!

Springball

Ein kleiner Ball wird unter Wasser gedrückt und dann losgelas-sen. Jetzt springt er aus dem Wasser heraus. Im Wechsel versu-chen Sie und die Kinder ihn zu fangen.

Karussell

Eltern und Kinder fassen sich im niedrigen Becken an den Hän-den und bilden einen Kreis. Dazu singen sie das Lied vom Ka-russell. Entsprechend der Verse setzt sich der Kreis in Bewe-gung, wird immer schneller und bleibt stehen.

Langsam dreht das Karussell
Weiter geht es – jetzt wird's schnell
Alle drehn sich nun im Kreise
Erst ganz laut und dann ganz leise
Bis sie nur noch langsam drehn
– und dann stehn.

Mit allen Sinnen die Natur erleben

Sinnes- und Bewegungserfahrungen besonderer Art ermög-licht die unmittelbare Begegnung der Kinder mit der Natur. Diese Begegnung ist in der heutigen Lebenswelt der Kinder

nicht mehr selbstverständlich, sie muss bewusst gesucht und geplant werden.

Der ideale Spielort für Kinder ist die ungestaltete Natur: der Wald, Wiesen, brachliegende Flächen mit Hügeln, Bäumen, Steinen, Gräben und Pflanzen. Hier werden die Kinder in ihren körperlichen Kräften, in all ihren Sinnen gefordert: Sie können über Gräben springen, einen Bach mit Ästen und Brettern zu überbrücken versuchen, Hügel und Bäume erklettern, Steine sammeln und mit ihnen Mauern bauen, hinter Pflanzen und Bäumen Verstecken spielen, in der Baumkrone einen Hochsitz errichten ... und sich bei all dem mit den Gesetzmäßigkeiten der Natur auseinandersetzen, sich anpassen, sich anstrengen und sich verausgaben. Auf diese Weise macht das Kind echte, authentische Erfahrungen – über sich selbst und über seine Mitwelt.

Es erlebt sich als Teil einer lebendigen Welt, in der es seinen Platz hat, auf die es einwirken und die es verändern kann, die andererseits aber auch auf das Kind einwirkt und es zum Tun herausfordert.

Regenspaziergang

Ein Spaziergang im Regen – für Kinder eine sinnenreiche Erfahrung (und für Erwachsene auch, wenn sie sich von der Vorstellung befreien, dass Regen „schlechtes Wetter" bedeutet und das Draußensein verhindert).

Machen Sie deswegen einmal bewusst einen Spaziergang im Regen und nutzen sie die vielen kleinen Anlässe, die sich durch die prasselnden Regentropfen, die Pfützen auf der Straße und die veränderte Pflanzen- und Tierwelt ergeben:

– Wie riecht der Wald bei Regen?
– Lassen Sie den Regen auf die Haut prasseln.
– Wer schafft es, Regentropfen mit dem Mund aufzufangen?
– Mit der Lupe ein nasses Blatt oder einen über den Weg kriechenden Käfer, eine Schnecke beobachten.
– Pfützenspringen, mit Gummistiefeln durch die Pfützen waten.
– Die Augen schließen und auf die Geräusche der prasselnden Regentropfen hören: Wo hört man sie am stärksten: Wenn sie auf die Erde fallen? Auf einem Blatt? Auf der Regenjacke?
– Versuchen die Regentropfen mit den Händen aufzufangen.

Der Wald als Bewegungs- und Erfahrungsraum

Der Wald bietet zu jeder Jahreszeit ein neues Bild und neue Erfahrungen. In jeder Jahreszeit hat er andere Farben, andere Gerüche, andere Geräusche.

Selbst bei Regen gibt es im Wald viel zu entdecken: Welche Bäume bilden ein Dach, unter dem man nicht nass wird?

Achten Sie auch hier auf strapazierfähige Kleidung. Aus dem Wald kommt man nicht so wieder heraus, wie man hineingegangen ist. Rutschpartien auf dem Laub hinterlassen Spuren, Matschpfützen wollen durchwatet, nicht umgangen werden.

Hörspaziergang

Machen Sie einen Spaziergang durch den Wald zu einem „Hörspaziergang": Welche Geräusche kann man in der Natur hören (Vogelstimmen, Blätterrauschen, ein Tier, das durch das Gebüsch kriecht …)? Wenn man ganz leise ist und vielleicht sogar die Augen schließt, nimmt man Dinge wahr, die man bei einem normalen Spaziergang gar nicht mitbekommt.

Spurensuche

Welche Spuren haben die Tiere im Wald hinterlassen? Von welchen Tieren könnten die gefundenen Spuren stammen (Federn, Hasenköttel, Vogelnest, Stücke eines Geweihs …)? Welche Spuren haben die Menschen im Wald hinterlassen (Plastiktüten, Papiertaschentücher, Bonbonpapiere …)?

Paare finden

Suchen Sie ein Blatt vom Baum oder vom Boden: Die Kinder sollen versuchen, ein gleiches Blatt zu finden. Dann sind die Kinder dran, ein besonderes Blatt zu finden, zu dem Sie ein Gegenstück finden müssen.

Auch beim Spaziergang auf einer Wiese kann man dieses Spiel mit Blumen durchführen. Von welchen Blumen gibt es auf einer Wiese ganz viele, von welchen gibt es nur wenige?

Entdeckungen mit der Lupe

Mit einer Lupe oder einem Fernglas Pflanzen, Gräser, Baumrinde o.ä. durch die Lupe betrachten. So kann man Dinge sehen, die man mit bloßem Auge nicht erkennen könnte: den wunderschön gezeichneten Panzer eines Käfers oder die feinen Verästelungen eines Blattes.

Abenteuer in Eis und Schnee

Kinder wollen den Winter mit allen Sinnen spüren: Die Schneeflocken mit den Händen zu fangen versuchen, sie auf der bloßen Haut schmelzen sehen, den Schnee schmecken, die Kälte auf der Haut spüren, auf glattem Eis schlittern und das Gleichgewicht aufs Spiel setzen, sich in pulvrigem Schnee eingraben oder ihn zu Schneebällen formen – mit warmer Kleidung und ausreichend Fantasie kann man dem Winter trotz klirrender Kälte viele fröhliche Stunden abgewinnen.

Schnee und Eis verändern die Welt: Alles sieht sauber, weiß, unberührt aus. Für Kinder ist diese neue Welt eine Herausforderung an ihren Körper, ihre Sinne: Straßen, Wiesen, Gehwege, Spielplätze – auf einmal muss man sich auf ganz neue Bedingungen einstellen: Der Untergrund ist hartgefroren, rutschig, glatt oder auch matschig weich, man sinkt beim Gehen tief ein. Rutschiger Untergrund hat ein ständiges Ringen um das Gleichgewicht zur Folge. Im Schnee zu laufen ist anstrengend, aber man hinterlässt auch bei jedem Schritt Spuren, kann die eigenen Fußstapfen unter denen anderer herausfinden, die Spuren von Tieren verfolgen. Immer wieder haben Kinder hier Gelegenheit, ihre körperlichen Kräfte zu spüren, ihre Sinne zu schärfen, ihre Geschicklichkeit auf die Probe zu stellen. Schnee wird zum Baumaterial – einfach zu gestalten, wenn auch schnell vergänglich.

Die folgenden Spielideen stellen für Kinder wie für Erwachsene gleichermaßen ein sinnliches Vergnügen dar.

Rutschen und Rodeln

Schon das einfache Gehen wird auf Eis und Schnee zu einem Abenteuer. Ständig muss man das Gleichgewicht ausbalancieren und sich auf neue Bedingungen einstellen. Am besten richtet man sich gleich aufs Rutschen ein: Mit Schlitten, Schnee-

brettern oder auf Autoschläuchen kann man die Geschwindig-
keit der Fortbewegung noch vergrößern. Auf ebenen Schneeflä-
chen muss man allerdings Anlauf nehmen, um voranzukom-

men, aber man kann sich natürlich auch gegenseitig schieben und ziehen.

Schnee wird erst dann rutschig, wenn er glattgetreten oder -gefahren ist. Rutschbahnen im Schnee werden schneller, je öfter man sie benutzt.

Am schönsten ist das Rodeln auf einem verschneiten Hang. Hier kann man sitzend oder in der Bauchlage hinuntersausen, mit den Füßen muss man das Lenken und das Bremsen lernen. Dann schafft man es sogar, Kurven zu fahren und sich mit Anlauf auf den Schlitten zu werfen.

Aber man kann auch auf einer Plastiktüte sitzend den Hang hinuntersausen und ausprobieren, in welcher Position das Rutschen am besten gelingt.

Ring- und Raufspiele

Sich in den weichen Schnee fallen lassen, sich eingraben und sich mit Schnee bewerfen – das macht Spaß, denn das Material tut nicht weh und fängt sogar Sprünge und Stürze auf. Man landet sanft – also kann auch ein kleiner Ringkampf, bei dem schnell beide „Gegner" auf dem Boden landen, zu einem Vergnügen werden.

Zielwerfen

Schnee lässt sich zu Kugeln formen. Sich gegenseitig damit zu bewerfen ist die erste Spielidee. Aber man kann sich auch andere Ziele aussuchen: Der schneebeladene Ast, den man mit der Schneekugel trifft, lässt einen Schneeregen entstehen. Auch der Schneemann kann als Ziel ausersehen werden: Gelingt es, aus einer vorher vereinbarten Entfernung zu treffen oder vielleicht sogar seinen Hut abzuwerfen?

Für den „Schneeball-Weitwurf" braucht man einen möglichst festen Schneeball. Ist der Schnee zu pulvrig, kann man ihn mit bloßen Händen formen: die äußere Schicht schmilzt dann rascher, und es entsteht eine feste Kugel.

Bauen, Formen, Gestalten

Pulverschnee, Pappschnee, Schneematsch – Schnee verändert sich schnell und hat jeweils andere Eigenschaften. Als Baumaterial ist vor allem nasser, pappiger Schnee geeignet. Neben dem obligatorischen Schneemann kann man damit auch andere Gestalten und Formen schaffen. So lässt sich aus Schnee ein bequemer Sessel formen oder sogar eine Sprungschanze errichten.

Ein wenig Geduld und Geschick braucht man für den Bau einer Hütte oder eines Iglus: Schneeballen werden gerollt und auf einer Kreislinie nebeneinandergesetzt. Die nächsten Schneeblöcke werden so aufgetürmt, dass sie immer ein Stück weiter nach innen ragen, bis sie oben aneinanderstoßen. Das Iglu kann mit einer Decke ausgestattet werden, so dass es innen gemütlich ist und man sich hineinsetzen kann. Eine Taschenlampe oder ein Teelicht geben genügend Licht.

Eis-Künste

Bei Eisregen werden Äste und Pflanzen mit einer Eisschicht umgeben. Sie sehen aus, als ob sie in Glas gegossen wären. Aber auch eine Eisfläche auf einer Wiese lässt ungewohnte Sichtweisen zu: Das darunterliegende Gras, die Erde, die Pflanzen sind deutlich erkennbar und wirken wie ein dreidimensionales Bild.

Bei starkem Frost kann man Wasser in einen Eimer gießen und ein außergewöhnliches Blatt, einen Stein oder einen Gegenstand hineinlegen. Wenn das Wasser gefroren ist, wird die Eisplatte aus dem Eimer gelöst; das Blatt oder der Stein sind nun wie ein Kunstwerk in Eis gegossen.

9. Bewegungsangebote für Eltern und Kleinkinder

Bewegung macht gemeinsam am meisten Spaß! Es gibt viele Möglichkeiten, sich in der Gruppe zusammen zu bewegen. Das muss sich nicht allein auf die Familie und das häusliche Umfeld beschränken. In den letzten Jahren haben sich immer mehr Initiativen gebildet, die Angebote für Eltern und Kinder machen und dabei auch verstärkt Bewegungsaktivitäten einbeziehen: Familienbildungsstätten, Volkshochschulen, Krabbelgruppen und Kindergärten, die Spielkreise als Eingewöhnungszeit anbieten, schaffen neue Kontaktmöglichkeiten für Eltern und Kinder, geben Kindern ein neues Erfahrungsfeld außerhalb der Vertrautheit der Familie und ermöglichen Eltern den Erfahrungsaustausch mit anderen Erwachsenen.

Oft weiß man nur gar nicht, an wen man sich wenden soll … es gibt so viele unterschiedliche pädagogische Angebote für Eltern und ihre Kinder, mit dem gemeinsamen Ziel, die Entwicklung zu fördern. Um einen ersten Überblick zu schaffen, werden im Folgenden einige Initiativen vorgestellt.

Das Prager Eltern-Kind-Programm (PEKiP)

Das kindliche Bewegungsverhalten anzuregen und die Beziehung zwischen Eltern und Kindern durch gemeinsame Bewegungsspiele bereits ab dem Säuglingsalter zu intensivieren, ist das Ziel einer Initiative, die von dem Prager Arzt Jaroslav Koch gegründet wurde und als „PEKiP" (Prager Eltern-Kind-Programm) bekannt geworden ist.

Bewegungsspiele, Sing- und Fingerspiele sollen dazu beitragen, das Beobachtungs- und Einfühlungsvermögen der Eltern für die Entwicklung ihrer Kinder zu stärken. Den Kindern werden Materialien und Bewegungsreize angeboten, die sie ausprobieren und mit denen sie spielen können (vgl. Polinski, 2007 & Pulkkinen, 2008). Die Kinder sind in der Regel nackt, so dass sie sich völlig frei bewegen können.

Ausgerichtet und angeboten werden die PEKiP-Treffen für Eltern mit Kindern im ersten Lebensjahr von Familienzentren, Volkshochschulen, Familienbüros oder Familienbildungsstätten.

Eltern-Kind-Gruppen/Turnen

Organisierte Bewegungsangebote werden vor allem auch von Turn- und Sportvereinen angeboten. Diese Form der gemeinsamen sportlichen und spielerischen Betätigung von Eltern und Kindern ist hervorgegangen aus dem Mutter-Kind-Turnen, einem ersten Angebot gleichzeitiger Betreuung von Erwachsenen mit ihren Kindern im Verein. Konzipiert sind diese Eltern-Kind-Gruppen vor allem für Kinder im Alter von eineinhalb bis drei Jahren, die gemeinsam mit ihren Eltern „turnen", spielen, sich mit und an Klein- und Großgeräten betätigen. Die Eltern sind hier einerseits Partner und „Spielgefährte" des Kindes, andererseits sind sie Helfer, Zuflucht und Vertraute, die in ungewohnten Situationen Beistand geben, Mut machen und bei Bedarf auch trösten können.

Anregungsreiche und vielseitige Gerätekombinationen zum Rutschen, Klettern, Springen, Balancieren, Schaukeln, Rollen und Wälzen gehören ebenso zum Bewegungsangebot wie Bewegungsspiele zum Laufen, Fangen, Hüpfen und Werfen.

Spielkreise

Spielkreise oder auch sogenannte Krabbelgruppen werden
häufig von kommunalen oder kirchlichen Trägern als Vorbereitung auf die Kindergartenzeit angeboten. Teils nehmen Eltern
gemeinsam mit ihren Kindern, teils jedoch auch Kinder allein
an diesen meist ein- bis zweimal in der Woche stattfindenden
Treffen teil. Bei den angebotenen Aktivitäten stehen Sing- und
Kreisspiele im Vordergrund, soweit die räumlichen Voraussetzungen es zulassen, werden mit den meist ein- bis zweijährigen
Kindern auch Bewegungsspiele ausgeführt.

Spiel-Raum-Treffen

Dieses psychomotorisch orientierte Eltern-Kind-Angebot hat
auf den ersten Blick große Ähnlichkeit mit einfachen Krabbelgruppen oder dem Eltern-Kind-Turnen. Bei genauerer Be-
trachtung wird deutlich, dass gezielte Schwerpunkte gesetzt

werden, die dieses Projekt als entwicklungsfördernd kennzeichnen. So werden z. B. bewusst Angebote zur spielerischen Förderung der Sinneswahrnehmung gemacht. Das Spiel-Raum-Angebot richtet sich an Eltern mit ihren Kindern im Alter von 6 bis 36 Monaten, die gerne mehr darüber erfahren möchten, wie Kinder sich entwickeln und wie sie sich anderen gegenüber verhalten. Darüber hinaus besteht, wie bei den anderen Angeboten, auch hier die Möglichkeit, sich mit anderen Familien auszutauschen.

Im Mittelpunkt der Treffen stehen die Spiel- und Bewegungsförderung sowie die „Vertiefung der Eltern-Kind-Beziehung und [das] soziale Miteinander" (Klinger & Scherf, 2008).

Eltern als Partner und Helfer

Bewegungsangebote für Eltern und Kinder bedürfen besonderer Überlegungen, die sowohl Fragen der Vermittlung und die Auswahl der Inhalte betreffen als auch die Ansprache von Eltern und Kindern. Zwar stehen die Aktivitäten der Kinder, ihr Spiel- und Bewegungsbedürfnis im Vordergrund – dementsprechend müssen sich die Bewegungsspiele auch an den Fähigkeiten der jeweiligen Altersstufe orientieren. Bei Bewegungsaufgaben, die Eltern und Kinder gemeinsam lösen sollen, haben die Erwachsenen z. B. eher eine wirkliche Aufgabe, als wenn sie nur für Hilfestellungen an Großgeräten oder beim Geräteauf- und -abbau benötigt werden.

An Sie, die Eltern, werden dabei nicht nur motorische Anforderungen gestellt: Fangen und Gefangen werden, Suchen und Verstecken verlangen auch von Ihnen, sich engagiert am Spiel zu beteiligen, d. h. Freude am Fangen des Kindes bzw. am Finden des Gegenstandes zu haben; gleichzeitig dürfen Sie dem Kind die Aufgabe nicht zu schwer machen. Sie müssen herausfinden, wann das Spiel für die Kinder noch spannend ist, bei

welchen Anforderungen sie am meisten Spaß haben. Die Spiel-
bedingungen sollten nicht nach starren Regeln festgelegt werden, sondern durch Ihr Einfühlungsvermögen.

Die Kinder müssen sich sicher fühlen, dass sie die Anforderungen bewältigen können: Beim Fangen etwa sollten Sie weder zu schnell davonrennen, so dass es für die Kinder zu lange
dauert, Sie einzuholen, noch darf das Fangen zu leicht sein,
denn auch dann werden die Kinder rasch die Freude am Spiel
verlieren. Das Ausbalancieren der Anforderungen ist für Sie
eine wichtige Aufgabe, die am besten gelingt, wenn Sie beim
Spielen wirklich „dabei", also auch innerlich beteiligt sind.

Was zeichnet eine gute Gruppe aus?

Ob und für welches der Bewegungsangebote für Kleinkinder
Sie sich entscheiden, ist sicher in erster Linie davon abhängig,
was in Ihrer Umgebung verfügbar ist. Aber auch die Qualität
der Spielkreise und ihre pädagogische Leitung sollte bei der
Auswahl beachtet werden.

In einer „guten" Gruppe sollten Sie und die Kinder Anregungen für das gemeinsame Spiel und das Sich-Bewegen erhalten, es sollte aber auch genügend Freiraum gegeben werden, damit Kinder aus eigenem Antrieb heraus aktiv werden können.
Das heißt z. B.:

- Die Kinder sollten ohne Zwang und ohne Druck von Seiten
  der Eltern und ebenso von Seiten der Übungsleiterin oder
  Erzieherin freiwillig darüber entscheiden können, in welcher
  Form sie sich beteiligen: ob sie lieber zunächst einmal zuschauen oder aktiv mitmachen.
- Mit und an den Geräten sollten keine Übungen und Bewegungen vorgeschrieben oder „vorgeturnt" werden, vielmehr
  sollten Kinder und Eltern gemeinsam herausfinden, wie die
  Geräte zu nutzen sind. Hin und wieder werden die Übungs-

leiter aber auch einfache Bewegungsaufgaben an Eltern und Kinder stellen, die jedoch vielseitige Lösungswege zulassen. Einen Ball z. B. kann man sich zurollen, man kann ihn werfen und fangen oder aber fest auf den Boden prellen, so dass er hochspringt und wieder aufgefangen werden kann.

- Die Bewegungsangebote sollten zwar geplant und vorstrukturiert sein, allerdings auch so offen und flexibel bleiben, dass immer noch Raum und Zeit bleibt für situative Anregungen aus der Gruppe.
- Bewegungsspiele, die sich für Eltern-Kind-Gruppen eignen, sollten nur sehr einfache Regeln haben, die auch von Kleinkindern verstanden und eingehalten werden können (Kinder fangen die Eltern, Eltern fangen die Kinder usw.).
- Bei den Bewegungsangeboten sollten die Eltern sich aktiv beteiligen können, also nicht am Rande sitzen und lediglich Zuschauerrollen einnehmen.

Bei gemeinsamen Bewegungsspielen mit Ihren Kindern haben Sie als Eltern auch die Chance, Ihr Kind aus einer neuen Perspektive kennen zu lernen, es im Spiel mit anderen zu erleben, ihm Vertrauen bei der Eroberung neuer Bewegungsräume und damit auch bei der Erweiterung seines Handlungsspielraums zu geben. Die Kinder fühlen sich bereits durch Ihre Aufmerksamkeit, Ihre Begleitung und Aufmunterung belohnt und bestätigt. Noch lieber ist es ihnen allerdings, wenn Sie sich am Spiel und an den Bewegungsangeboten beteiligen.

Gleichzeitig gibt die Gruppe Ihnen als Eltern die Möglichkeit, Ihren Kindern mehr zuzutrauen, als dies im häuslichen Umfeld der Fall ist – einfach dadurch, dass Sie sich zum Teil am Verhalten anderer Eltern orientieren können.

Bewegungsspiele für Eltern-Kind-Gruppen

Bewegungsspiele ohne Material

Die Riesen wachkitzeln

Die Eltern stellen schlafende Riesen dar, die im Raum verteilt auf dem Boden liegen. Die Zwerge (Kinder) wollen die Riesen ärgern, schleichen sich leise an sie heran und kitzeln sie. Sobald die Riesen durch die Berührung wachgeworden sind, erheben sie sich (mit „bösem" Gesichtsausdruck). Jeder Riese versucht, den Zwerg zu fangen, der ihn wachgekitzelt hat. Hat er den Zwerg erreicht, wird dieser nun seinerseits durchgekitzelt.

Beim nächsten Spieldurchgang spielen die Kinder Riesen, die Eltern Zwerge.

Das Karussell fährt loooos …

Die Kinder laufen in die ausgebreiteten Arme der Eltern, diese halten sie am Oberkörper und schleudern sie im Kreis um sich herum. Dabei „fliegen" die Beine der Kinder immer höher, so wie bei einem Karussell.

Zur rhythmischen Untermalung kann z. B. folgender Satz ausgerufen werden: „Das Karussell fährt … (Kinder laufen in die Arme der Eltern) … loooos" (im Kreis herumschleudern, das Wort so lange ausdehnen, bis die Kinder wieder sanft auf dem Boden abgesetzt werden).

Verzaubern

Bei diesem Fangspiel bilden Eltern und Kinder Spielpaare. Die Erzieherin oder Gruppenleiterin hat einen Zauberstab (bunt angemalte Papierrolle), mit dem sie einzelne Teilnehmer der

Gruppe abzuschlagen versucht. Wer von dem Stab berührt wird, muss stehen bleiben und kann nur von seinem Spielpartner (Eltern bzw. Kind) durch Antippen erlöst werden.

Mein rechter Platz

Die Familie sitzt im Kreis oder an einem Tisch. Ein Familienmitglied hat den rechten Platz neben sich frei, klopft auf diesen und ruft dabei: „Mein rechter, rechter Platz ist frei, ich wünsche mir (z. B.) den Papa herbei." Dieser fragt daraufhin: „Als was soll ich kommen?" Nun darf man sich ein Tier ausdenken, als das der Vater kommen soll. Die Antwort könnte z. B. lauten: „Als Schlange." Jetzt kriecht der Vater als Schlange zu dem freien „rechten Platz". Das Familienmitglied, dessen „rechter Platz" nun frei ist, beginnt von vorne.

Man kann auch auf die Tierbewegungen verzichten und stattdessen das Spiel sehr schnell ausführen!

Familiengeschichte

Die Familie sitzt zusammen. Jeder darf nun nacheinander eine Familiengeschichte erzählen, z. B. von einem Ausflug, von einem Geburtstag o. ä. Sobald in der Geschichte ein Familienmitglied erwähnt wird, muss dieses aufspringen und bestimmte – vorab abgesprochene Bewegungen ausführen – z. B. auf einem Bein hüpfen, wie ein Hampelmann springen …

Bewegungsspiele mit Kleingeräten und Materialien

Abwerfen!

Mehrere Zeitungsblätter werden zu Bällen geformt und mit Klebestreifen leicht umwickelt, damit sie nicht bei jedem Wurf auseinanderfallen. Der Zeitungsball ist leicht und ungefährlich. Da es nicht weh tut, wenn man von dem Zeitungsball getroffen wird, können mit ihm gut Abwurfspiele gespielt werden. Spiele wie „Jeder trifft jeden", „Wer trifft Papas Bauch?" u. ä. lassen sich draußen oder drinnen durchführen.

Schwebende Tücher

Eltern und Kinder haben jeweils mehrere Chiffontücher, die sie sich gegenseitig zuwerfen, mit verschiedenen Körperteilen auffangen, nacheinander oder gleichzeitig in die Luft werfen.

Handtuchspiele

Jedes Eltern-Kind-Paar hat ein Handtuch. Man kann es gemeinsam an den Ecken festhalten und damit durch den Raum laufen, einen Luftballon oder einen Ball darauf legen, ihn hochwerfen und anschließend wieder aufzufangen versuchen, oder es zum Tauziehen benutzen. Liegt das Tuch ausgebreitet auf dem Boden, kann man es in verschiedenen Formen überspringen. Auch Platzsuchspiele können damit durchgeführt werden: Alle Eltern-Kind-Paare gehen um die am Boden liegenden Tücher herum und sollen auf ein Zeichen der Übungsleiterin ihr eigenes Tuch wiederfinden.

Schwungtuchtrampolin

Ein Schwungtuch wird von allen Gruppenteilnehmern (Eltern und Kinder) am Rand so eingerollt, dass eine runde Fläche (im Durchmesser ca. 2 Meter) entsteht. Auf das Schwungtuch wird zunächst ein Kuscheltier gelegt und durch Auf- und Abbewegen des Tuches hochgeworfen. Dann darf sich ein Kind auf das Tuch legen. Es wird zunächst sanft hin- und hergewiegt, dann kann es ebenfalls leicht hochgeworfen werden. Dabei sollten die Kinder bestimmen dürfen, ob sie nur gewiegt oder geworfen werden wollen.

Spielregeln für Eltern

Nicht nur Bewegungsspiele brauchen Regeln, auch für Eltern gibt es Spielregeln:

■ Drängen Sie Ihr Kind nicht, lassen Sie ihm Zeit, wenn es etwas entdeckt hat, das es ausprobieren will. Unterbrechen Sie es nicht bei einer selbstgewählten Tätigkeit.

- Gestehen Sie Ihrem Kind zu, auch Fehler zu machen. Selbst wenn Sie schon von vornherein erkennen können, dass das, was das Kind sich vorgenommen hat, misslingen muss – greifen Sie nicht ein, sofern nicht wirkliche Gefahren drohen. Ihr Kind lernt auch aus Fehlern, nur so kann es selbst den richtigen Weg finden.
- Beobachten Sie Ihr Kind bei seinen Versuchen, seinen Körper und seine Umwelt zu beherrschen. Nehmen Sie Anteil, indem sie in seiner Nähe bleiben und es begleiten, indem Sie Interesse für seine Tätigkeiten zeigen.
- Schützen Sie Ihr Kind nicht übermäßig vor jeglichen Gefahren. Es kann nur lernen, sich selber zu schützen, indem es aktiv mit Gefahren umgehen lernt. Überbehütung ist eine der größten Gefahren für das Kind.
- Machen Sie mit, lassen Sie sich von den Ideen Ihres Kindes anstecken. Laufen Sie einfach einmal mit ihm den Hang hinauf und springen Sie die Treppenstufen runter und gleich wieder herauf. Auch Erwachsenen tut Bewegung gut.
- Fordern Sie Ihr Kind nicht zu Leistungen heraus, die es sich selbst nicht zutraut, aber zeigen Sie ihm durch Ihr Verhalten, dass Sie ihm durchaus viel zutrauen.
- Bewegungsspiele machen am meisten Spaß, wenn auch andere Kinder mitmachen. Ermuntern Sie Ihr Kind, andere Kinder zu sich nach Hause einzuladen und regen Sie die Kinder an, gemeinsam Seil zu springen, Fang- oder Ballspiele durchzuführen.
- Bewegungsspiele sind auch ohne teure Anschaffungen möglich. Auch Alltagsmaterial fordert die Fantasie Ihres Kindes heraus: Mit Decken, Matratzen und Kartons kann es spannende Spielideen entwickeln.
- Gehen Sie mit Ihrem Kind öfter schwimmen, treten Sie einem Sportverein mit einer Kindergruppe bei – hier kann es unter Gleichaltrigen neue Anregungen bekommen.

■ Seien Sie für Ihr Kind auch ein Vorbild: Meiden Sie Rolltreppen und Fahrstühle und nehmen Sie, wenn immer möglich, die Treppe, fahren Sie Ihr Kind mit dem Rad zum Kindergarten oder zur Schule und zeigen Sie ihm, dass auch Sie sich gerne bewegen.

10. Büchertipps

ACKERMANN, L.; URFER, R. & MÜLLER, B. (2005): Sinn-Salabim. Mülheim: Verlag an der Ruhr

AHRENDT, L. (2008): Kleinkindschwimmen: Grundlagen zur Kindesentwicklung und -förderung durch Eltern-Kind-Schwimmen im 2. und 3. Lebensjahr. Aachen: Meyer & Meyer

AUSTERMANN, M. & WOHLLEBEN, G. (2007): Krabbelfinger werden größer. Spiel und Spaß für Ein- bis Dreijährige. München: Kösel

AYRES, A. J. (2002): Bausteine der kindlichen Entwicklung. Berlin: Springer

BENSEL, J. & HAUG-SCHNABEL, G. (2009): Kinder unter 3 – Bildung, Erziehung und Betreuung von Kleinstkindern. Kindergarten heute spezial: Freiburg: Herder

BEUDELS, W.; LENSING-CONRADY, R. & BEINS, H. J. (2008): Das ist für mich ein Kinderspiel. Handbuch zur psychomotorischen Praxis. Dortmund: modernes lernen

BEUDELS, W.; KLEINZ, N. & DELKER, K. (2002): Außer Rand und Band. WenigKostenvielSpaßGeschichten mit Alltagsmaterialien. Dortmund: modernes lernen

BIERMANN, I. (2008): Spiele zur Wahrnehmungsförderung. Freiburg: Herder

BIERMANN, I. (2009): Kleinkinder entdecken ihre Umgebung. Ideen für Krippe, Kita und Tagesmütter. Freiburg: Herder

FRIEDL, J. (2006): Pi-Pa-Purzelbaum. Spielerische Bewegungsförderung für Kinder. München: Kösel

GRÜGER, C. (2002): Bewegungsspiele für eine gesunde Entwicklung. Münster: Ökotopia

HERM, S. (2007): Gemeinsam spielen, lernen, wachsen. Berlin: Cornelsen Scriptor

KLINGLER, S. & SCHERF, S. (2008): Spiel-Raum für die Kleinsten. Ein psychomotorisches Angebot für Eltern mit ihren Kindern bis zu 3 Jahren. In: Motorik, 3, S. 127 – 134.

LARGO, R. (2007): Babyjahre. Die frühkindliche Entwicklung aus biologischer Sicht. München: Piper

LÜCK, G. (2005): Neue leichte Experimente für Eltern und Kinder. Freiburg: Herder

POLINSKI, L. (2007): PEKiP: Spiel und Bewegung mit Babys. Mehr als 100 Anregungen für das erste Jahr. Reinbek: Rowohlt

PULKKINEN, A. (2008): PEKiP: Babys spielerisch fördern. München: GU Verlag

SCHMEER, G. (1996): Das sinnliche Kind. Stuttgart: Klett-Cotta

SELIGMAN, M. E. P. (2002): Kinder brauchen Optimismus. Reinbek: Rowohlt

ZIMMER, R. (2008): Schafft die Stühle ab! Freiburg: Herder

ZIMMER, R. (2009[4]): Toben macht schlau! Bewegung statt Verkopfung. Freiburg: Herder

ZIMMER, R. (2008[19]): Kreative Bewegungsspiele. Psychomotorische Förderung im Kindergarten. Freiburg: Herder

ZIMMER, R. (2009[7]): Handbuch der Bewegungserziehung. Freiburg: Herder

ZIMMER, R. (2009[7] a): Handbuch der Sinneswahrnehmung. Grundlagen einer ganzheitlichen Erziehung. Freiburg: Herder

ZIMMER, R. (2009[4] b): Handbuch der Psychomotorik. Theorie und Praxis der psychomotorischen Förderung von Kindern. Freiburg: Herder

ZIMMER, R. (2009² c): Handbuch Sprachförderung durch Bewegung. Freiburg: Herder

ZIMMER, R. & Hunger, I. (2004): Wahrnehmung – Bewegung – Lernen. Schorndorf: Hofmann

ZIMMER, R. & VAHLE, F. (2009): Kinder – Körper – Sprache. Psychomotorisch fördern. Freiburg: Herder

Mehr von Renate Zimmer

Renate Zimmer
Schafft die Stühle ab!
Was Kinder durch Bewegung lernen
Band 6010
Bewegung und unmittelbare Sinneserfahrungen machen Kinder klug und selbstbewusst. Renate Zimmer hat Spielideen für eine „bewegte Kindheit" zusammengestellt, die Kindern und Eltern Spaß machen.

Renate Zimmer
So fördert Bewegung die Lust am Lernen
Mit Praxistest
Band 5745
Bewegung ist der Motor des Lernens, fördert Selbstständigkeit, Problem-lösen und Durchhaltevermögen. Informationen und praktische Tipps.

Renate Zimmer
Toben macht schlau!
Bewegung statt Verkopfung
Band 5398
Bewegung ist das beste Startkapital zum Lernen – sie fördert ein gut entwickeltes Gehirn. Aktivitäten und Spielideen für kluge Kinderköpfe.

Renate Zimmer
Handbuch der Sinneswahrnehmung
Grundlagen einer ganzheitlichen Bildung und Erziehung
ISBN 978-3-451-28820-3
Mit der aktualisierten Ausgabe ihres Standardwerks verdeutlicht Renate Zimmer die große Bedeutung ganzheitlicher kindlicher Erfahrungen.

Renate Zimmer
Handbuch Sprachförderung durch Bewegung
ISBN 978-3-451-32160-3
Bewegungsaktivitäten bieten viele Chancen, die sprachliche Entwick-lung der Kinder zu unterstützen. Renate Zimmer stellt ihr innovatives, überaus erfolgreiches Konzept theoretisch fundiert und praxisnah vor.

HERDER

Kinder stark machen

Gisela Lück
Leichte Experimente für Eltern und Kinder
Band 5770

Mit einfachen Experimenten finden Eltern und Kinder vom Staunen zum Begreifen der Umwelt.

Gisela Lück
Neue leichte Experimente für Eltern und Kinder
Band 5538

Hier kommen weitere kinderleichte Experimente für Groß und Klein: vielfach erprobt, mit Garantie für Spaß und Wissenszuwachs.

Klaus Hurrelmann / Gerlinde Unverzagt
Kinder stark machen für das Leben
Herzenswärme, Freiräume und klare Regeln
Band 5891

Herzenswärme – Freiräume – klare Regeln: drei Eckpfeiler einer guten, sicheren Erziehung, die der bekannte Pädagogikprofessor Klaus Hurrelmann allen Eltern als „magisches Dreieck" ans Herz legt.

Theo Schoenaker / Julitta Schoenaker / John M. Platt
Die Kunst, als Familie zu leben
Ein Erziehungsratgeber nach Rudolf Dreikurs
Band 5860

Der geniale Psychologe und Erzieher Rudolf Dreikurs hat ein einfaches Modell entwickelt, das sich millionenfach bewährt hat.

Emmi Pikler / Anna Tardos / Judit Falk
Miteinander vertraut werden
Wie wir mit Babys und kleinen Kindern gut umgehen – ein Ratgeber für junge Eltern
Hg. von Laura Valentin
Band 4923

Ein konkreter Ratgeber für einen sensiblen, liebevollen Umgangsstil mit Kleinkindern. Mit einem Vorwort von Rebeca Wild.

HERDER spektrum

Erziehungsratgeber

Roswitha Defersdorf
Deutlich reden – wirksam handeln
Kindern zeigen, wie Leben geht
Band 4829
Damit Kinder ihren Weg eigenständig und erfolgreich gehen lernen, brauchen sie Eltern, die eindeutig, klar und liebevoll sind.

Margot Käßmann
Erziehen als Herausforderung
Band 5197
Die evangelische Bischöfin und Mutter von vier Kindern gibt ihre eigenen Erfahrungen weiter: Anregungen für eine Erziehung, in der auch Spiritualität eine Rolle spielt.

Jesper Juul
Aus Erziehung wird Beziehung
Authentische Eltern – kompetente Kinder
Hg. von Ingeborg Szöllösi
Band 5533
Kinder auf eine sensiblere Art sehen und ernst nehmen und störendes Verhalten in Botschaften übersetzen: Das führt zu Autorität auf der Basis von Achtung, Verantwortung und gegenseitigem Respekt.

Lernen und Gehirn
Der Weg zu einer neuen Pädagogik
Hg. von Ralf Caspary
Band 5763
Experten aus Hirnforschung und Pädagogik veranschaulichen die erkenntnistheoretischen Grundlagen, die Verbindung von Reformpädagogik und Hirnwissenschaft.

Maria Montessori
Zehn Grundsätze des Erziehens
Hg. von Ingeborg Becker-Textor
Band 5917
Die praktische Einführung in die Montessori-Pädagogik.

HERDER spektrum

Familienleben

Johanna Graf
Familienteam – das Miteinander stärken
Das Geheimnis glücklichen Zusammenlebens
Band 5565
Die Kunst, eine glückliche Familie zu sein, lässt sich lernen. Ein Grundkurs für Eltern.

Uta Reimann-Höhn
Welche Talente und Begabungen hat Ihr Kind?
Mit vielen Tests und Checklisten
Band 5850
Unbegabte Kinder gibt es nicht! Wie Eltern die Stärken und besonderen Talente ihres Kindes entdecken und fördern, ohne es zu überfordern.

Manfred Kiewald
Kleine Optimisten
So findet Ihr Kind Vertrauen im Leben
Band 5754
Ein praktischer und anschaulicher Ratgeber, wie Eltern ihre Kinder dazu ermutigen können, sich ihre zuversichtliche und optimistische Grundeinstellung dem Leben gegenüber zu erhalten.

Mony Elkaïm
Immer Ärger mit den Lieben oder wie man seine Familie überlebt
Band 5948
Einfühlsam erzählte Alltagsgeschichten zeigen, wie wir Ängste ablegen und uns aus scheinbar ausweglosen Situationen befreien können.

Michael Bajorat
Die neuen starken Jungs
Wie aus kleinen Helden tolle Kerle werden
Band 5953
Damit aus Jungs tolle Kerle werden, brauchen sie eine besondere Förderung, die ihr Potenzial auf allen Ebenen erschließt.

HERDER spektrum